T0208776

essentials

essentials liefern aktuelles Wissen in konzentrierter Form. Die Essenz dessen, worauf es als „State-of-the-Art" in der gegenwärtigen Fachdiskussion oder in der Praxis ankommt. *essentials* informieren schnell, unkompliziert und verständlich

- als Einführung in ein aktuelles Thema aus Ihrem Fachgebiet
- als Einstieg in ein für Sie noch unbekanntes Themenfeld
- als Einblick, um zum Thema mitreden zu können

Die Bücher in elektronischer und gedruckter Form bringen das Expertenwissen von Springer-Fachautoren kompakt zur Darstellung. Sie sind besonders für die Nutzung als eBook auf Tablet-PCs, eBook-Readern und Smartphones geeignet. *essentials:* Wissensbausteine aus den Wirtschafts-, Sozial- und Geisteswissenschaften, aus Technik und Naturwissenschaften sowie aus Medizin, Psychologie und Gesundheitsberufen. Von renommierten Autoren aller Springer-Verlagsmarken.

Weitere Bände in der Reihe http://www.springer.com/series/13088

Valentina Kartini · Milena Reichert
Maximilian Rüb · Tanja Savanin

Unternehmensethische Ansätze für Business-Entscheidungen

Praxiswissen für die Führungsaufgabe

Valentina Kartini
Friedrichshafen, Deutschland

Maximilian Rüb
Friedrichshafen, Deutschland

Milena Reichert
Friedrichshafen, Deutschland

Tanja Savanin
Friedrichshafen, Deutschland

ISSN 2197-6708   ISSN 2197-6716   (electronic)
essentials
ISBN 978-3-658-20997-1   ISBN 978-3-658-20998-8   (eBook)
https://doi.org/10.1007/978-3-658-20998-8

Die Deutsche Nationalbibliothek verzeichnet diese Publikation in der Deutschen Nationalbibliografie; detaillierte bibliografische Daten sind im Internet über http://dnb.d-nb.de abrufbar.

Springer Gabler
© Springer Fachmedien Wiesbaden GmbH 2018

Gedruckt auf säurefreiem und chlorfrei gebleichtem Papier

Springer Gabler ist Teil von Springer Nature
Die eingetragene Gesellschaft ist Springer Fachmedien Wiesbaden GmbH
Die Anschrift der Gesellschaft ist: Abraham-Lincoln-Str. 46, 65189 Wiesbaden, Germany

Was Sie in diesem *essential* finden können

- Eine kritische Bewertung des Dualismus der zwei Systeme *Wirtschaft* und *Ethik*
- Eine Darlegung *formeller* und *informeller* unternehmensethischer Instrumente sowie der moralischen Charakterbildung
- Eine praktische Auseinandersetzung mit dem Konzept der Unternehmensethik anhand einer Fallstudie, die sich möglichen Dilemmata im Arbeitsalltag anschließt

Geleitwort

Es gehört zum Selbstverständnis der Zeppelin Universität, Friedrichshafen, die Forschung in die Lehre zu integrieren. „Die Zukunft des Managements" ist einer der Schwerpunkte der interdisziplinären Forschung an der Zeppelin Universität. In den Masterprogrammen aller Fakultäten zwischen Wirtschaft, Kultur und Politik werden Kurse zu „Leadership" angeboten. In dem von mir betreuten Kurs entwickelten die Kommilitoninnen und Kommilitonen ihr eigenes Forschungsprogramm. Die Aufgabenstellung bestand darin, vom Standpunkt einer pragmatischen Forschung aus für die Berufsanfänger und -aufsteiger Erfahrungen aufzubereiten, die ihnen hilfreich sein können, die Rolle einer oder eines Vorgesetzten zu bewältigen. Dabei schwebte uns nicht vor, die so reichhaltige Berater-Literatur „Wie werde ich Chef oder CEO" zu ergänzen. Der Modellfall der Führungskraft, die wir vor Augen haben, ist die Leiterin oder der Leiter einer Abteilung mit mehreren Mitarbeitern, die oder der selbst eine vorgesetzte Person hat. Unsere Führungskraft gehört zum Mittelbau, der bekanntlich das Rückgrat jeder Organisation ist, der aber auch eine schwierige Stellung zwischen den Wünschen der Mitarbeiter und dem Leistungsdruck „von oben" hat.

Einige Themen, die behandelt werden sollten, wurden von mir vorgegeben. Andere Themen, wozu die hier veröffentlichten gehören, wurden von den Studenten selbst ausgewählt. Die Aufgabenstellung bestand nun darin, in einer Meta-Analyse die Literatur daraufhin zu sichten, welche vermittelbaren Erfahrungen daraus gewonnen werden können. Dabei waren die Theorien, die zur Allgemeinbildung einer Führungskraft gehören sollten, aufzubereiten. Darüber hinaus sollte aber auch die Experten-Literatur herangezogen werden. Natürlich galt es den Stand der Forschung zur Rezeption der Theorien zu referieren und den Geltungsbereich von Expertenempfehlungen kritisch zu würdigen.

Für die Ausarbeitung wurde ein einheitlicher Rahmen vorgegeben. Dieser Rahmen verlangt, dass die Bearbeiterinnen und Bearbeiter in der Zusammenfassung – durchaus aus ihrer subjektiven Sicht – dem Leser drei bis sechs Verhaltensempfehlungen geben und circa sechs Literaturempfehlungen zur vertiefenden Literatur. Die Artikel werden hier so veröffentlicht, wie sie von den Studenten – eventuell nach Berücksichtigung von Korrekturanregungen – geschrieben worden sind.

Diese Arbeiten stellen wir nun unserem idealen Leser vor: Den aufstrebenden Mitgliedern in einer wirtschaftlichen, kulturellen oder staatlichen Organisation, die sich auf eine Führungsposition vorbereiten möchten. Wir wollen ihnen solides Wissen und brauchbare Wegleitungen für das Selbststudium anbieten. Ich selbst hätte mir zum Beginn meiner beruflichen Laufbahn eine solche breitere Übersicht gewünscht.

PD Dr. Hermut Kormann
Honorar-Professor
Zeppelin Universität
Strategie und Governance von
Familienunternehmen
Friedrichshafen, Deutschland

Inhaltsverzeichnis

Einleitung

1

Die mediale, literarische sowie wissenschaftliche Aufmerksamkeit gegenüber der Thematik Unternehmensführung verdeutlicht, wie groß moderne Anforderungen und Herausforderungen an Führungskräfte im Zeitalter der Globalisierung sind. Neben rein wirtschaftlichen Zielen werden verstärkt auch ethische Aspekte einer erfolgreichen Führung von der Gesellschaft gefordert und bewertet. Dies haben jüngste mediale Ereignisse bei vielen deutschen Unternehmen peinlich genau offenbart. Von ADAC über Deutsche Bank AG bis hin zu Volkswagen AG reicht die Liste bekannter deutscher Unternehmen, die viel von ihrer guten Reputation durch Verstöße gegen ethische Normen und gesetzliche Vorschriften verloren haben. Obwohl die negativen Folgen solcher Fehltritte Einzelner katastrophal für das Unternehmen ausfallen können und wirtschaftliche Schäden in immenser Höhe bedingen, scheint eine präventive Vorsorge gegen strafbare Handlungen noch nicht gänzlich in der beruflichen Praxis angekommen zu sein. Hoher Rede- und Informationsbedarf bei diesem Thema zeigt, dass die Unternehmenspraxis intensiv nach Leitsätzen und Orientierungen für das moderne ethische Management sucht. Ausgerichtet auf Berufseinsteiger bzw. Young Professionals, welche sich im unteren bis mittleren Management befinden und somit wenig Erfahrungswert in Bezug auf Unternehmensführung mitbringen, widmet sich dieses Essential im Folgenden dieser Problematik, um praktischen Erklärungsbedarf zu stillen.

Das Essential beginnt mit einem Einblick in die Diskussion um Unternehmensethik und beleuchtet aus theoretischer Perspektive, wie diese im Rahmen globaler Herausforderungen mehr und mehr zu einem Lösungsansatz für die Vereinbarkeit von wirtschaftlichem und ethischem Handeln wird. In Kap. 3 wird dargestellt, wie Unternehmensethik als ein wirkungsvolles Konzept praktisch gestaltet und in der Organisation umgesetzt werden kann. Dies wird auf drei Ebenen beleuchtet: durch die Etablierung formaler Strukturen in Form von Instru-

V. Kartini et al., *Unternehmensethische Ansätze für Business-Entscheidungen,*
essentials, https://doi.org/10.1007/978-3-658-20998-8_1

menten, durch die Unternehmens- und Führungskultur und schließlich durch die Charakterbildung des Individuums. Im Anschluss daran soll ein Fallbeispiel mögliche Dilemmata, denen Young Professionals im Laufe ihrer Karriere begegnen können, greifbarer machen. Mittels der Besprechung des Falls sowie durch einen Entscheidungsleitfaden werden dem Leser Instrumente an die Hand gegeben, die in der Praxis nützlich sein können. Das Essential schließt mit einer kritischen Reflexion zur Unternehmensethik sowie einem kurzen Fazit ab.

Ethik mit Relevanz für unternehmerisches Handeln: Einblicke in die Unternehmensethikdiskussion 2

Die folgenden Richtlinien und Hinweise geben Ihnen eine erste Hilfestellung für den Aufbau ihres eigenen ethischen Prüfkonzeptes. Blättert man den Wirtschaftsteil einer Zeitung durch, so wird rasch ersichtlich, dass *Ethik* allgegenwärtig in Hinblick auf Ökonomie verwendet wird. So ist beispielsweise regelmäßig zu lesen, dass ein Unternehmen anhand seines verantwortlichen Handelns bewertet oder eben durch das Fehlen von korrektem Verhalten verurteilt wird. Ethik scheint dabei implizit alle wirtschaftlichen Themenfelder zu durchdringen und Handlungsentscheidungen jeglicher Unternehmen als *gut* oder *böse* einzuordnen. Dabei können Meinungen gebildet und die Unternehmenskommunikation nach außen wie nach innen beträchtlich beeinflusst werden. Im beruflichen Alltag wird regelmäßig betont, dass der richtige Umgang mit Kunden, Mitarbeitern, Kollegen oder Lieferanten ausschlaggebend für den Erfolg eines Unternehmens sei.

Das Thema „wünschenswertes Verhalten im Unternehmen" gehört heutzutage zum festen Bestandteil guter Unternehmensführung. Folglich sehen sich immer mehr Manager von Unternehmen dem Problem ausgesetzt, zwei verschiedenen Forderungen an ihr Handeln gleichermaßen zu genügen: der wirtschaftlichen und der moralischen Forderung. So bestimmend die Wertung unternehmerischen Handelns auf den ersten Blick erscheint, so offen bleibt allerdings die Frage nach dem Kriterium, nach dem eine Handlung als gut oder als böse eingestuft wird – als moralisch wünschenswert oder nicht. Es ist nicht so einfach zu erläutern, was *moralisch richtig oder falsch* bedeutet und umso schwieriger erscheint es für den bewerteten Part, sich entsprechend zu verhalten.

Folglich befasst sich dieser Teil der Schrift mit der Begrifflichkeit der Unternehmensethik, erklärt die wichtigsten Unterschiede im Verständnis aus Wissenschaft und Praxis und erläutert ihre Relevanz für den Arbeitsalltag von Young Professionals. Gerade zu Beginn der Karrierelaufbahn, wenn noch nicht auf

© Springer Fachmedien Wiesbaden GmbH 2018   3
V. Kartini et al., *Unternehmensethische Ansätze für Business-Entscheidungen*,
essentials, https://doi.org/10.1007/978-3-658-20998-8_2

einen umfassenden Erfahrungsschatz zurückgegriffen werden kann, erscheint
eine intensive Auseinandersetzung mit Unternehmensethik ratsam, um wichtige
Aspekte zukünftiger Entscheidungsfindungen nicht zu übersehen und einen Weg
zu finden, der beide Forderungen – die ökonomische und die moralische – mitei-
nander verbindet.

2.1 Begriffliche Annäherung an Ethik

Obwohl die Begriffe *Ethik* und *Moral* im Alltagsgebrauch oftmals synonym
verwendet werden, behält sich diese Arbeit vor, zwischen den beiden in ihrer
Bedeutung zu unterscheiden. Moralisches Verhalten betrifft den gesellschaftlich
akzeptierten und geforderten Aspekt des ökonomischen Handelns. Ethik umfasst
die kritische Reflexion der Moral, sie setzt sich mit den Prinzipien der Moral auseinander und hinterfragt deren Entstehung und Funktion.[1] Somit bildet sie „die
wissenschaftliche Theorie der Moral"[2] und findet auf vielen Ebenen statt:

- der organisationalen Ebene,
- der Ebene gegenüber Dritten,
- der zwischenmenschlichen Ebene und
- der persönlichen Ebene (Moralische Intelligenz).

Folglich lässt sich feststellen, dass Ethik sehr viel komplexer aufgebaut ist als Moral
und weder für die Allgemeinheit gültig, noch leicht durch andere Menschen oder
Institutionen legitimierbar ist.
    Wie nach dem Lesen dieses Essentials erkennbar sein wird, ist es unmöglich,
für jede sich bietende Problemsituation eine ethisch eindeutig richtige Manage-
mentlösung zu präsentieren. Vielmehr hängt es von vielerlei Faktoren (individuell, zwischenmenschlich, folgenspezifisch, formell sowie informell) ab, welchen
Entscheidungsweg man wählt, um ein moralisches Dilemma zu lösen.
    Zwei Deutungen des Themenbereichs Ethik lassen sich allerdings voneinan-
der unterschieden und bieten eine erste Hilfe bei der persönlichen Analyse von
moralischen Handlungsentscheidungen. Niklas Luhmann zufolge stellt Profit
den Code des Unternehmens dar, während die Leitunterscheidung der Ethik die

---

[1]Vgl. Homann und Lütge (2004, S. 5 ff.).
[2]Homann und Lütge (2004, S. 5).

Kategorie *gut* oder *böse* ist.[3] Das Kriterium hinter dieser Leitunterscheidung ist in der Wissenschaft wiederum durch zwei Theorien abgedeckt: die deontologische und die konsequentialistische Ethik.[4] Während die deontologische Ethik im Sinne des kategorischen Imperativs von Kant die Handlung als solche als moralisch oder unmoralisch einstuft, unabhängig von deren Folgen, so beurteilt die konsequentialistische Ethik allein die Konsequenzen der Handlung.[5] Die deontologische Ethik entspricht der Gesinnungsethik und die konsequentialistische Ethik der Verantwortungsethik. Während die erste Theorie Max Webers Moral auf die Motive hinter einer Handlung beschränkt und alle Folgen außen vor lässt, ist bei der Verantwortungsethik in Bezug auf die Entscheidungsfindung die Konsequenz entscheidend, solange die Folgen einer Handlung voraussehbar sind und in den Entscheidungsprozess miteinbezogen werden können.[6] Unterstützt ein Unternehmen soziale Projekte beispielsweise nur, um seine Reputation zu stärken, so erscheint diese Handlung als weniger moralisch korrekt beurteilt zu werden. Diese Auffassung birgt die Theorie der deontologischen Ethik bzw. Gesinnungsethik in sich. Konsequentialistische Ethik hingegen bewertet den Zweck in Relation zu dessen Mittel. Erreicht ein Unternehmen eine Verringerung des Kohlenstoffdioxid-Verbrauches, so werden Nebenwirkungen wie Einsparungen an Arbeitsplätzen oder ein Preisanstieg in Kauf genommen.

Die Begrifflichkeit der Ethik weist viele Aspekte auf und bleibt sowohl in der Wissenschaft als auch in der beruflichen Praxis eine viel diskutierte Thematik. Die Unternehmensethik, wie dieses Essential im Folgenden erläutern wird, nimmt sich dieser Diskussion an und erweitert sie um die Problematik des Dualismus zweier unterschiedlicher Systeme.

2.2 Dualismus von „Unternehmen" und „Ethik"

Ethische Theorie und ökonomische Theorie, so die weit verbreitete Meinung des letzten Jahrhunderts, sind so unterschiedlich in ihren Zielen, ihren Mitteln und ihren Codes, dass sie nur gegeneinander ausgespielt werden können.[7] Die Durch-

---

[3]Vgl. Dietzfelbinger (2008, S. 37–38) sowie Luhmann (2013, S. 265–292).
[4]Vgl. Homann und Lütge (2004, S. 7 f.).
[5]Vgl. Kant (1910, S. 425 ff.).
[6]Vgl. Dietzfelbinger (2008, S. 55 ff.).
[7]Vgl. hierzu Sundaram und Inkpen (2004, S. 350–363) sowie Dietzfelbinger (2008, S. 189 f.).

setzung ethischer Forderungen, so wurde es weithin gesehen, obliege der Politik, der Zivilgesellschaft und den Gewerkschaften innerhalb der Grenzen eines demokratischen Nationalstaates.[8] So ist es nicht verwunderlich, dass auch in der Unternehmenspraxis viele Manager den Zusammenhang von Unternehmen und Ethik kritisch hinterfragen. In erster Linie gilt es, Gewinn zu erbringen und höchstmöglichen Profit zu erwirtschaften.

Betrachtet man die quantitativen Grundziele eines Unternehmens, wird rasch ersichtlich, dass ethische Verpflichtungen schwer in wirtschaftlichen Zahlen auszudrücken sind. Welchen quantitativ messbaren Wert hat Ethik in der Wirtschaftspraxis? Solange diese Frage von Theorie und Praxis nicht hinreichend beantwortet worden ist, werden ethische Bemühungen von vielen Managern erwünscht, um das Unternehmen zu schützen. Sie werden jedoch oftmals nicht zwingend als ein wirtschaftlicher Wert an sich behandelt und schnell über Bord geworfen, sollten sie kurzfristigen Zielen im Wege stehen. Als Konsequenz bleibt die Ethik als Entscheidungsfaktor für unternehmerisches Handeln nicht selten auf der Strecke.

Somit stellt sich die Frage, wie Ethik für einen *Young Professional* des mittleren Managements von Relevanz sein kann? Denn rein wirtschaftliches Handeln, ohne an ethische Zielsetzungen gebunden zu sein, scheint per se nicht einmal unethisch: Unternehmerische Erfolge führen zu Arbeitsplätzen, Innovation, nationalem Wohlstand sowie höheren Steuereinnahmen. „The social responsibility of business is to increase its profits"[9], formulierte Nobelpreisträger Milton Friedman im Jahre 1970. Auch für Adam Smith, der Professor für Logik und Moralphilosophie war, beginnt die Verantwortung des Staates erst dort, wo der Handlungsspielraum der Wirtschaft bzw. des Unternehmens endet.[10] Wirtschaftliche Ziele, welche sich egoistisch und an dem persönlichen Nutzen jedes Einzelnen ausrichten, sind auch für die Allgemeinheit von Vorteil. Wirtschaftlicher Egoismus geht automatisch einher mit dem bestmöglichen Ergebnis für die Allgemeinheit und löst makroperspektivisch sowohl soziale als auch wirtschaftliche Probleme, behauptet Adam Smith in seinem Buch „Wohlstand der Nationen" aus dem Jahre 1776.[11] Folglich versteht er wirtschaftliche Ziele eines Unternehmens von Natur aus als ethikgerecht und spricht der Politik nur den Ausbau grober Rahmenbedingungen zu.

---

[8]Vgl. hierzu Scherer und Palazzo (2011, S. 16–18 und S. 21 ff.).
[9]Friedman (1970, S. 32 f. und S. 122–126).
[10]Vgl. Smith (1937, S. 421 ff.).
[11]Vgl. Smith (1904, IV.2.9).

Ethisch gesetzte Ziele hingegen, so der Gründungsvater der Ökonomik, müssen nicht wirtschaftsgerecht sein und liegen somit auch nicht in der direkten Verantwortung von Managern.

Diesen Ansätzen von Adam Smith und Milton Friedman folgend, sollten ethische Forderungen also eine nicht allzu wichtige Rolle für Unternehmen spielen, denn im schlimmsten Fall könnten ethische Motive die Positivität des wirtschaftlichen Egoismus verzerren und sogar schädlich für das Unternehmen wie auch für die Allgemeinheit sein. Während sich das Management allein dem Profit des Unternehmens widmen sollte, werden ethische Rahmenbedingungen wie die allgemeine Bereitstellung von öffentlichen Gütern und die Umverteilung des Reichtums der Verantwortung des Staates und der Zivilgesellschaft zugeschrieben. Es bleibt des Staates Aufgabe, für das Allgemeinwohl zu sorgen, während die Managementpraxis rein ökonomische Zwecke erfüllt und dabei ihren wichtigen Teil zum Wohlstand der Gesellschaft beiträgt.[12] Beide Systeme – Wirtschaft und Staat – finden so die Legitimität ihres Handelns in der Existenz des anderen.

2.3   Das Problem der Unternehmensethik

Diese dualistische Auffassung von Unternehmen und Ethik als zwei voneinander getrennt existierende Systeme, bei denen man sich für eines entscheiden müsse, widerspricht ganz offenkundig der Realität heutiger Unternehmensführung: Freiwilliges Engagement im Umweltschutz, die Bereitstellung von eigenen Kindergärten und Schulen, das Engagement in Wissenschaft und Kultur sowie die gewissenhafte Überprüfung der eigenen Lieferketten gehören zunehmend genauso zu einem funktionierenden Konzept der Unternehmensführung wie ökonomische Strategien.[13] Verurteilte man große Unternehmen noch in den 1970er und 1980er Jahren als diejenigen, die für alles Übel in der Welt verantwortlich seien und die es vom Staat in die Schranken zu weisen galt, so werden heutzutage zunehmend moralische Handlungsanforderungen an die Unternehmen selbst gerichtet.[14] Unternehmerisches Handeln wird immer mehr in Relation zur Umwelt der Unternehmen verstanden, die fortan komplexer zu werden scheint. Insbesondere mit Blick auf die Globalisierung der Wirtschaft wächst die Anzahl

---

[12]Vgl. hierzu Jensen (2002, S. 235–256) sowie Sundaram und Inkpen (2004, S. 350–363).

[13]Vgl. hierzu Matten und Crane (2005, S. 166–179) und bereits früher Marshall (1964).

[14]Vgl. Wieland (1997, S. 527 ff.).

an Stakeholdern stetig und Handlungsfolgen dringen zusehends weitreichender in die Gesellschaft vor. Als direkte Konsequenz sehen sich Führungskräfte immer häufiger der Problematik einer Unvereinbarkeit von Handlungsempfehlungen gegenüber. Die Trennung von Wirtschaft und Ethik scheint im Zeitalter der Globalisierung ihre Wirkung als praktikabler Ansatz, um soziale Probleme zu lösen, somit eingebüßt zu haben und Unternehmen reagieren auf diese Veränderung offenbar immer stärker. Folglich besteht auch für die Theorie der Unternehmensethik die Herausforderung, Konzeptionen zu entwickeln, die es Führungskräften im Betrieb ermöglichen, sich für moralische Dilemmata zu sensibilisieren.

2.4   Herausforderungen einer globalisierten Welt

Die globale Wirtschaftskrise von 2007 bis 2009, die vorangegangene Bankenkrise sowie aktuelle Skandale bei multinationalen Unternehmen[15] führten in den letzten Jahren vor Augen, was längst Realität geworden war: Die Möglichkeiten politischen Eingreifens in das Handeln der Unternehmen haben sich durch die zunehmend multinationalen ökonomischen Aktivitäten der Unternehmen stark begrenzt.[16] Das Zeitalter der Globalisierung ist zwar in der Wirtschaft angekommen, jedoch nicht in der politischen Sphäre, die sich in großen Teilen immer noch auf nationales Terrain beschränkt. Eine *post-westfälische Ordnung*[17], welche sich durch eine „zunehmende Mehrdeutigkeit von Grenzen und Gerichtsbarkeit; sowie durch eine Verwischung der Linien zwischen der öffentlichen und der privaten Sphäre"[18] auszeichnet, tritt immer häufiger zum Vorschein – und mit ihr die steigende Erwartung an Unternehmen, das in der Folge entstehende politische Vakuum mit ethischen Verpflichtungen für die Allgemeinheit zu füllen.[19] Eine rein ökonomische Perspektive der Unternehmen ist nicht mehr ausreichend, vielmehr ist „die gesellschaftliche Verantwortung […] selbstverständlicher Teil unternehmerischen Handelns"[20] geworden.

---

[15]Vgl. hierzu beispielsweise die Skandale bei Volkswagen AG, bei ENRON oder Deutsche Bank AG. Folgende Artikel geben hierzu einen guten Überblick: Capital (2014); Wirtschaftswoche (2015) sowie Zeitmagazin (2017).

[16]Wolf (2008, S. 255 f.).

[17]Vgl. Habermas (2001, S. 20 ff.) (von den Autoren übersetzt).

[18]Kobrin (2009, S. 350) (von den Autoren übersetzt).

[19]Vgl. Scherer und Palazzo (2011, S. 16).

[20]Hüther et al. (2015, S. 12).

Insbesondere der große technologische Fortschritt in Kommunikation, Digitalisierung, Medien und Logistik hat zu der Existenz grenzenloser Märkte für Unternehmen beigetragen.[21] Grenzenlose Märkte bedeuten allerdings ebenfalls grenzenlosen Wettbewerb. Unternehmen sehen sich dadurch wirtschaftlich als auch moralisch immer stärker unter Druck gesetzt und sorgen sich um die Marktentwicklungen in anderen Teilen der Welt. Es entsteht ein Bedarf an Orientierung und Leitlinien, die angeben wie sich Führungskräfte bei der Verantwortung innerhalb der Lieferkette zu verhalten haben. Unternehmen sehen sich nicht nur einer regionalen Konkurrenz, sondern vermehrt einer internationalen Konkurrenz gegenüber. Fehlende Wegweiser in solch einem fremden Unternehmensumfeld, verbunden mit steigenden moralischen und normativen Handlungsanforderungen, führen nicht selten zu Strategiekrisen im Führungsstab.

In Zeiten der Globalisierung wächst somit die Komplexität des Betriebsumfeldes erheblich, nicht zuletzt aufgrund eines beträchtlichen Zuwachses an beteiligten Stakeholdern. Hierzu können nach Carroll & Buchholtz auf erster Ebene Kunden, Mitarbeiter und Management, Lieferanten und andere Geschäftspartner, Aktionäre und Investoren sowie lokale Gemeinden und auf zweiter Ebene auch Wettbewerber, Regierungen und Regulierungsbehörden, städtische Einrichtungen, Aktivistengruppen, Medienvertreter und Handelsverbände gehören.[22] Die Zunahme beteiligter Stakeholder an Entscheidungen und Handlungen des Unternehmens, als auch das Agieren in Märkten mit schwierigen politischen und rechtlichen Rahmenbedingungen schafft neue Konfliktfelder und Herausforderungen für Manager. Mehr als je zuvor sehen sich Unternehmen mit Fragen zu gesellschafts- oder umweltrechtlichen Standards, Arbeits- und Sozialstandards oder Menschenrechte sowie Themen der Wirtschaftskriminalität (Korruption, Untreue, Kartellrecht, Geldwäsche oder Umgang mit Firmeneigentum) konfrontiert und müssen diesen nicht zuletzt auch aus Reputationsgründen sowie aufgrund steigender normativer Anforderungen gerecht werden.[23] Ein zunehmender Handlungsdruck seitens des Managements, moralisches Handeln im Unternehmen zu fördern und zu institutionalisieren, ist sicherlich auch eng mit der intensiven öffentlichen Kritik an der Wirtschaftskriminalität und den weitreichenden Folgen unethischer Entscheidungen in Unternehmen verbunden.

---

[21]Vgl. Hüther et al. (2015, S. 118 f.).
[22]Vgl. Carroll und Buchholtz (2015, S. 348) (von den Autoren übersetzt).
[23]Vgl. Wieland (2014a, S. 14 ff.).

Dementsprechend ist es unausweichlich, sich als *Young Professional* mit hohen Ambitionen für moralische Verpflichtungen im Unternehmen zu sensibilisieren, um die verschiedenen Möglichkeiten ethischen Handelns im Beruf in Zukunft analysieren und die Relevanz der Moral im Entscheidungsprozess erkennen zu können. Diese Schrift möge dazu beitragen, sich in der Unternehmenspraxis aktiv und kritisch mit der Verbindung von ökonomischen und moralischen Forderungen auseinanderzusetzen, um den gegenwärtigen Erwartungen der Stakeholder, der Gesellschaft, der medialen Umwelt als auch der Politik gerecht zu werden.

2.5 Eine neue Konzeption der Unternehmensethik als Lösungsansatz

Als mögliche Antwort auf die Herausforderungen der Globalisierung und der sich daraus ergebenden Problematik des klassischen Verständnisses von Unternehmensethik muss zuallererst ein Umdenken sowohl in der Theorie als auch in der Praxis stattfinden. Entgegen der dualistischen Auffassung sollten moralische Werte vielmehr als integraler Bestandteil wirtschaftlicher Normen verstanden werden und als mehrwertbringend für die Wirtschaft akzeptiert werden.[24] Argumente, weshalb moralische Werte zu einer guten und erfolgreichen Unternehmensführung gehören, wurden oben vorgetragen. Allerdings bleibt zu klären, wie diese Verbindung von beiden in der beruflichen Praxis aussehen mag. Die klassische Frage, ob ein Unternehmen ethische Handlungsempfehlungen berücksichtigt, weil es finanziell erfolgreich ist und somit Raum für Ethik bietet, scheint in diesem Sinne den gewünschten Zweck zu verfehlen. Stattdessen ist es sinnvoll, die Frage umzudrehen und eigene Denkweisen in andere Bahnen zu lenken. Ist ein Unternehmen erfolgreich(-er), weil es sich sozial engagiert und Platz für ethische Verpflichtungen schafft? Diese Fragestellung ermöglicht es, aus alten Denkstrukturen auszubrechen und Raum zu schaffen für neue inspirierende Wege, in denen Ethik ein gewinnbringender Aspekt wirtschaftlichen Handelns werden kann und in Zusammenhang mit zunehmenden, normativen Vorschriften auch werden muss.

Des Weiteren ist es entscheidend, moralische Werte in Form von Leitlinien im Unternehmen verankert zu haben. Eine neue Form der Unternehmensethik, welche Ethik als untrennbar verbunden mit effizient wirtschaftlichem Handeln

---

[24]Vgl. hierzu Deppert (2001, S. 135–139).

versteht, schafft dabei wertvolle Anregungen.[25] Dabei bleibt die Frage zu klären, wie aus Leitsätzen gelebte Praxis im Alltag wird. Der folgende Teil dieses Essentials widmet sich dieser Frage.

▶ **Key Learning**

- Verinnerlichen Sie ethisches und ökonomisches Verhalten nicht als einen dialektischen Widerspruch, sondern sensibilisieren Sie sich für dessen Wechselwirkung.
- Denken Sie das Unternehmensziel um, von *The business of business is business* zu einem Führungsverhalten, das Ethik als festen Bestandteil ökonomischer Zielerreichung proklamiert.
- Unternehmensethik schafft Möglichkeiten, um den Herausforderungen der Globalisierung und der dabei entstehenden Komplexität des Unternehmensumfeldes erfolgreich zu begegnen.

---

[25]Vgl. hierzu Homann und Blome-Drees (1992, S. 38 f.) oder auch Homann und Pies (1994, S. 3–12) sowie Wieland (1997, S. 527 ff.).

Praktische Gestaltung und Implementierung von Unternehmensethik: Ein mehrdimensionales Konzept

3

In diesem Kapitel wird praxisorientiert dargestellt, wie ethische Entscheidungen im Unternehmen vor dem Hintergrund der Herausforderungen einer globalisierten, vernetzten und komplexer werdenden Welt gefördert und unerwünschtes Verhalten verhindert werden kann. Dieser Prozess soll durch die Etablierung *formaler Strukturen* in Form von Instrumenten, welche durch die *Unternehmens- und Führungskultur* mit Leben gefüllt werden, und schließlich durch die *Charakterbildung des Individuums* auf drei Ebenen beleuchtet werden.

Für ein besseres Verständnis der Notwendigkeit dieser Instrumente und Strukturen ist es unumgänglich, sich zumindest kurz mit den Begriffen Compliance und Integrität zu befassen. Diese stellen gleichsam Voraussetzung, Rahmen und Treiber für den Einsatz unternehmensethischer Instrumente dar und sind in den letzten Jahren verstärkt auf die Agenda von (großen) Unternehmen und Wissenschaft gerückt.

3.1 Compliance und Integrität in der Unternehmensethikdiskussion

Compliance (engl.) als Begriff bedeutet in seiner Übersetzung zunächst nichts anderes als „Übereinstimmung" oder „Befolgung".[1] Gemeint ist damit also vereinfacht betrachtet, zunächst die Befolgung von Gesetzen bzw. Regeln durch die Mitarbeiter, in ihrem Handeln als Mitglieder und Vertreter des Unternehmens.[2]

---

[1]Vgl. de.pons.com.
[2]Vgl. Kleinfeld und Müller-Störr (2014, S. 747).

© Springer Fachmedien Wiesbaden GmbH 2018
V. Kartini et al., *Unternehmensethische Ansätze für Business-Entscheidungen*,
essentials, https://doi.org/10.1007/978-3-658-20998-8_3

Durch die Globalisierung, die wachsende Anzahl und die steigenden Anforderungen beteiligter Stakeholder an Entscheidungen und Handlungen des Unternehmens oder das Vordringen in Märkte mit politisch und rechtlich uneindeutigen Rahmenbedingungen sowie durch zunehmende wirtschaftskriminelle Handlungen haben sich „die normativen Ansprüche von Recht, Politik und Gesellschaft an das Entscheiden und Handeln von Unternehmen in den letzten Jahren stark intensiviert"[3]. Eine steigende Anzahl öffentlicher und unternehmensinterner Standards und Gesetze, die Unternehmen zu Aufsichts- und Sorgfaltspflichten verpflichten und Sanktionen verhängen, wenn diese nicht eingehalten werden, sowie eine verschärfte Durchsetzung bereits vorhandener regulatorischer Anforderungen sind zu beobachten.[4] Auch vermehrte Haftungsrisiken und potenziell höhere indirekte Schadensfolgen (zum Beispiel Reputationsverluste) erzeugen Handlungsdruck bei den Unternehmen.[5] Gezielte Programme und Einrichtungen in Unternehmen sollen es daher ermöglichen, die Einhaltung ethischer Grundsätze sicherzustellen, Wirtschaftsstraftaten vorzubeugen, zu vermeiden, aufzudecken und im Falle eines Fehlverhaltens angemessen darauf zu reagieren, wie es die *U.S. Sentencing Guidelines* als ältester Standard für sogenannte Compliance- und Ethikprogramme in den USA bereits seit 1991 einfordern.[6] Auch in Deutschland sind die Aufsichts- und Sorgfaltspflichten guter Unternehmenspraxis sowie die Verpflichtung zu einem Compliance-System in öffentlich notierten Unternehmen durch den *Deutschen Corporate Governance Codex (DCCG)*[7] mittlerweile festgelegt.[8] In diesem Zusammenhang kann Compliance also eher als

> […] Organisationsmodell, -prozess und -system aufgefasst werden, die eine Übereinstimmung mit dem geltenden Recht, internen Standards und Regeln, sowie mit den Erwartungen der Stakeholder gewährleistet, sodass das Unternehmen das eigene Geschäftsmodell, den Ruf und finanzielle Bedingungen schützt und verbessert.[9]

---

[3]Wieland (2014b, S. 22 f.).

[4]Vgl. Grüninger (2014, S. 41).

[5]Vgl. Nestler et al. (2010, S. 3).

[6]Vgl. Carroll und Buchholtz (2015, S. 236), Hein (2016, S. 1), Grüninger (2014, S. 60).

[7]Die U.S. Sentencing Guidelines und der DCCG wurden hier aufgrund ihrer Wichtigkeit als Meilensteine nur beispielhaft für ein Gesetz bzw. eine Regelung aufgeführt. Dadurch ist die Gesetzgebung in diesem Bereich jedoch keineswegs in ihrer Vollständigkeit oder Komplexität abgebildet.

[8]Vgl. Wieland (2014b, S. 17).

[9]PWC (2005) in Wieland (2014b, S. 18).

Moderne Compliance bezieht sich dabei jedoch gerade nicht nur auf die Einhaltung von Gesetzen, sondern vor allem auch auf die Erfüllung der Standards
und freiwilligen Selbstverpflichtungen, die sich ein Unternehmen beispielsweise
durch seinen Verhaltenskodex selbst auf die Fahne geschrieben hat.[10] An dieser
Stelle wird deutlich, dass ein effektives Compliance-Management folglich nur
dann funktionieren kann, wenn es „im Sinne einer von ethischen Werten und
Prinzipien getriebenen Exzellenz der Führung"[11] im Unternehmen gelebt wird,
also durch Integrität, insbesondere der Führungsriege.

Der Frage, welche Instrumente helfen, ethische Entscheidungen im Unternehmen zu fördern, und wie diese vorgelebt werden müssen, werden sich die folgenden Abschn. 3.1 und 3.2 näher widmen.

3.2   Schaffung formeller Strukturen und Prozesse: Instrumente zur Unterstützung ethischer Entscheidungen im Unternehmen

Zur Schaffung formeller Prozesse und Strukturen, die ethische Entscheidungen
begünstigen und dolose Handlungen verhindern, kann auf verschiedene Instrumente zurückgegriffen werden, von denen einige in diesem Abschnitt vorgestellt
werden (siehe Tab. 3.1).

Hier präsentierte Instrumente stellen lediglich eine Auswahl dar. In welchem
Umfang diese Instrumente eingesetzt werden, ist je nach Unternehmensgröße und
Branche individuell zu betrachten.

3.2.1   Leitbild/Mission

Das Leitbild oder die Mission ist ein strategisches und unternehmenspolitisches Instrument, das unter Einbindung der ökonomischen und ethischen Werte die Grundüberzeugungen eines Unternehmens für Mitarbeiter und Öffentlichkeit zugänig
macht und die Identität des Unternehmens beschreibt. Mit dem Leitbild soll den
Stakeholdern des Unternehmens neben den Werten zudem deutlich gemacht werden, welche Produkte und Strategie das Unternehmen definieren. Für die Mitarbeiter kann das Leitbild durch seine Orientierungsfunktion eine Art groben Rahmen

---

[10]Vgl. Kleinfeld und Müller-Störr (2014, S. 749).
[11]Wieland et al. (2014, S. 6).

Tab. 3.1 Übersicht zu den im Essential vorgestellten Instrumenten. (Eigene Darstellung in Anlehnung an die nachfolgenden Ausführungen)

Instrument	Funktion
Leitbild	Abbildung der Werte und Grundüberzeugungen für Stakeholder (identitätsstiftend)
Code of Conduct	Definition der Verhaltensstandards und Geschäftskultur für Stakeholder des Unternehmens (handlungsweisend)
Richtlinien und Prozessbeschreibungen	Definition konkreter, themenzentrierter Handlungshilfen
Training	Vermittlung von Fähigkeiten zum Lösen ethischer Dilemmata und Identifikation von unethischem Verhalten
Hinweisgebersysteme	Aufdecken unerwünschter Handlungen
Ethisch orientierte Zielsetzung und Anreizsysteme	Bewertung der Zielerreichung aus ökonomischer und unternehmensethischer Perspektive
Verankerung in der organisationalen Struktur	Einrichtung eines Compliance-Committees bzw. Compliance/CSR-Offices und Verankerung der Thematik in den Querschnittsbereichen des Managements

vorgeben, „innerhalb dessen die alltäglichen Unternehmenshandlungen zu vollziehen sind"[12]. Auf diese Weise sind Leitbilder zwar in gewisser Weise verbindlich, sie können jedoch aufgrund ihrer allgemeinen und nicht operationalisierbaren Definition weder die nötige Detailtiefe für die Ableitung von Handlungsempfehlungen noch die Funktion einer Kontrollinstanz gewährleisten[13].

3.2.2 Code of Conduct

Als Führungs- und Kommunikationsinstrument werden in einem *Code of Conduct* oder Verhaltenskodex „auf einer relativ hohen Abstraktionsebene die für ein Unternehmen geltenden Verhaltensstandards und die Geschäftskultur des Hauses in allgemein verständlicher Sprache formuliert"[14]. Er konkretisiert, was im Leitbild des Unternehmens verankert wurde und bietet differenziertere Handlungshilfen insbesondere für kritische Situationen oder Grauzonen des Handelns,

---

[12]Dietzfelbinger (2015, S. 167).

[13]Vgl. Dietzfelbinger (2015, S. 167 f.) und Conrad (2016, S. 199).

[14]Grüninger (2014, S. 62).

in denen Mitarbeiter mit Informationsasymmetrien, hohem Ergebnisdruck oder kulturell bedingten Herausforderungen konfrontiert sind.[15] Darüber hinaus legt er Grenzen und Richtlinien fest. Ein Verhaltenskodex wird dann effizient, wenn er mit Kontroll- und Sanktionsmechanismen verbunden ist und Stakeholdern gegenüber klar kommuniziert, welche Konsequenzen mit einem Verstoß gegen diesen verbunden sind.[16]

Da er das Verhalten von Mitarbeitern und Management gegenüber verschiedenen Stakeholdern definiert, sollten die wichtigsten von ihnen[17], wie beispielsweise Kunden, Mitarbeiter, Management, Geschäftspartner et cetera darin Berücksichtigung finden[18]. Inhaltlicher Gegenstand des Codes of Conduct können nach Grüninger unter anderem folgende Themen sein:

- Gesetzeskonformität,
- Regelungen und Prinzipien im Umgang mit Stakeholdern,
- Umweltschutz, Sicherheit und Gesundheit,
- Embargo- und Handelskontrollbestimmungen,
- branchenspezifische Regelungen,
- Verpflichtung zur Übernahme gesellschaftlicher Verantwortung.[19]

3.2.3 Richtlinien und Prozessbeschreibungen

In den Richtlinien und Prozessbeschreibungen eines Unternehmens werden die im Verhaltenskodex festgelegten Inhalte themenzentriert konkretisiert, indem genau definiert wird, wie in bestimmten Situationen zu verfahren ist oder wie Prozesse (beispielsweise Beschaffungswege) ablaufen sollen.[20] In einfacher und verständlicher Sprache verfasst, sollen diese spezifischen Richtlinien auf verschiedene Situationen anwendbar sein und als Handlungshilfe bei alltäglichen Entscheidungen und Abläufen dienen.[21]

---

[15]Vgl. Fürst (2014, S. 660).
[16]Vgl. Dietzfelbinger (2015, S. 118).
[17]Mögliche Stakeholder des Unternehmens wurden in Kap. 2 des Essentials definiert.
[18]Vgl. Carroll und Buchholtz (2015, S. 67).
[19]Vgl. Grüninger (2014, S. 65).
[20]Vgl. Grüninger (2014, S. 65).
[21]Vgl. Fürst (2014, S. 660 f.).

Als Beispiel wird häufig die Geschenkerichtlinie angebracht. In dieser sind, unter Einhaltung geltender Gesetze grundlegende Prinzipien (beispielsweise Transparenz), meist genaue Grenzwerte für den Empfang und die Vergabe von Geschenken und unter Umständen auch zu beachtende kulturelle Unterschiede definiert, die mit Beispielen aus dem Unternehmensalltag angereichert werden.[22]

3.2.4 Training

Ethiktrainings können helfen, ein Grundverständnis für unternehmensethische Fragen und häufiger auftretende ethische Probleme zu entwickeln. Sie helfen zu lernen, ethische Dilemmata zu lösen und Gründe für unethisches Verhalten zu identifizieren oder Kriterien und Risiken des sogenannten *Whistleblowings* kennen zu lernen. Dies kann je nach Unternehmen oder Abteilung zum Beispiel in Workshops, Seminaren, Case-Studies, Artikeln, Vorträgen oder anhand der Verhaltenskodizes durchgeführt werden.[23]

Fürst schlägt hierfür ein zweistufiges Modell vor. Auf der ersten Stufe sollten alle Mitarbeiter in Form eines Gruppen- oder Onlinetrainings ein Bewusstsein für die bestehenden ethischen Standards des Unternehmens und das davon abgeleitete, von ihnen erwartete Handeln, erlangen. Der allgemeine Pflichtteil kann je nach Zielgruppe um spezifische Inhalte erweitert werden. Auf der zweiten Stufe sollten insbesondere Mitglieder des Managements geschult werden. Die bereits erläuterte zunehmende Komplexität unternehmerischen Handelns erfordert von Mitarbeitern, insbesondere von denjenigen, die Managementpositionen innehaben oder solche als *Young Professionals* anstreben, spezifische Fähigkeiten. Sie müssen „ethische, rechtliche und ökonomische Aspekte einer Situation"[24] identifizieren können, diese angemessen analysieren und gegeneinander abwägen können, um letztendlich eine verantwortungsvolle Entscheidung treffen zu können.[25]

---

[22]Vgl. Grüninger (2014, S. 65).
[23]Vgl. Carroll und Buchholtz (2015, S. 250).
[24]Fürst (2014, S. 667).
[25]Vgl. Fürst (2014, S. 667).

3.2.5 Einrichtung eines Hinweisgebersystems

Selbst, wenn Mitarbeiter auf verdächtiges oder unethisches Verhalten Dritter
aufmerksam werden, bleibt dieses nicht selten unentdeckt, da sie nicht wissen,
wie sie sich verhalten oder an wen sie sich wenden sollen.[26] Ein Hinweisgeber-
system kann eine Infrastruktur bieten, die es Mitarbeitern und Externen ermöglicht, vermutetes oder tatsächliches Fehlverhalten Dritter kommunizieren zu
können. „Dieser Beschwerdeprozess muss den Bericht erstattenden Vertraulich-
keit, Anonymität und Schutz vor Repression gewährleisten".[27] Am häufigsten
wurden in deutschen Großunternehmen in vergangenen Jahren neben internen
Ansprechpartnern (meist aus der Rechtsabteilung), telefonische Hotlines bzw.
web- oder intranetbasierte Systeme als Hilfsmittel für sogenannte interne Whist-
leblower-Systeme[28] eingesetzt. Auch Ombudspersonen können als externe und
unabhängige Ansprechpartner dienen.[29] Aufgenommen und analysiert, sowie
an Aufsichtsrat und Unternehmensleitung kommuniziert werden potenzielle
Verstöße von einem Beschwerdemanagement, während die Entscheidung über
mögliche Sanktionen beim Management des Unternehmens liegt. Hinweisge-
bersysteme sind in der Praxis häufig umstritten, da man befürchtet, dass damit
eine „Kultur des Misstrauens und der Bespitzelung"[30] geschaffen werden könnte.
Die Veröffentlichung von Informationen zum Vorgehen im Beschwerdeverfahren
sowie der Resultate innerhalb der Organisation kann das Vertrauen in ein solches
System jedoch begünstigen und erhöht die Authentizität gesetzter ethischer Standards im Unternehmen.[31]

---

[26]Vgl. Caroll und Buchholtz (2015, S. 248).

[27]Fürst (2014, S. 670).

[28]Beim internen Whistleblowing untersteht ein unabhängiger Ansprechpartner unmittelbar
der Unternehmensleitung. Dieser nimmt Meldungen offiziell oder anonym entgegen und
verfügt über unbeschränkte Zugriffsbefugnisse im Unternehmen, so dass die Richtigkeit
von Meldungen überprüft werden kann. Im Gegensatz zum externen Whistleblowing, das
bewusst an der Unternehmensleitung vorbeigeführt wird, werden interne Whistleblowing
Fälle nicht öffentlich. Hierdurch können finanzielle und reputative Schäden ggf. vermieden
werden (Vgl. Conrad 2016, S. 228 f.).

[29]Vgl. Nestler et al. (2010, S. 31 f.), Fürst (2014, S. 670 f.).

[30]Nestler et al. (2010, S. 32).

[31]Vgl. Fürst (2014, S. 671).

3.2.6 Gestaltung von Zielsetzungen und Anreizsystemen in Übereinstimmung mit ethischen Werten des Unternehmens

Allen Ethik- und Compliance-Maßnahmen zum Trotz kann durch eine unrealistische Zielsetzung oder durch Anreizstrukturen, die nicht mit den kommunizierten Werten übereinstimmen, unethisches Verhalten bei Mitarbeitern hervorgerufen werden.[32] Werden beispielsweise im Vertrieb Verkaufszahlen fernab einer realen Erreichbarkeit vorgegeben, kann der entstehende Erfolgs- und Wettbewerbsdruck einen Nährboden für regelwidriges Verhalten darstellen.[33] Darüber hinaus ist insbesondere der Einsatz von Boni, also einseitigen erfolgsabhängigen Belohnungen ohne Konsequenzen im Fall von Verlusten, spätestens seit der Finanzkrise zutiefst umstritten. Diese können kurzfristiges, risikoorientiertes und in letzter Konsequenz unmoralisches Verhalten provozieren, das langfristig auf Kosten des Unternehmens geht und Mitarbeitern, Kunden oder anderen Stakeholdern schaden kann.[34]

Entscheidet sich ein Unternehmen für ein erfolgs- und leistungsabhängiges Vergütungssystem, müssen seine Werte und Integritätsstandards unbedingt auch in Zielvereinbarungs- und Anreizsystemen verankert und wiedererkennbar sein. Dementsprechend sollte der Einsatz von Systemen, die Mitarbeiter lediglich an der Erreichung ökonomischer Ziele messen (zum Beispiel Umsatzwachstum), vermieden werden.[35] Ein möglicher Lösungsansatz könnte sein, auf ein System mit zwei Dimensionen zu setzen: In diesem hängen Boni und Prämien zwar einerseits vom Erreichen zuvor definierter Jahresziele („what to achieve"[36]) ab, andererseits bildet jedoch der Grad der Übereinstimmung mit Werten und Standards der Organisation („how to achieve"[37]) beim Erreichen dieser Ziele ein wesentliches Bewertungskriterium für die Höhe der Bonuszahlungen. Auf diese Weise kann zumindest ein Anreiz geschaffen werden, Ziele unter Einhaltung festgesetzter Standards und in Übereinstimmung mit ethischen Werten zu erreichen.[38]

---

[32]Vgl. Carroll und Buchholtz (2015, S. 243).

[33]Vgl. Hein (2016, S. 137).

[34]Vgl. Conrad (2016, S. 241 ff.).

[35]Vgl. Fürst (2014, S. 664).

[36]Fürst (2014, S. 665).

[37]Fürst (2014, S. 665).

[38]Vgl. Fürst (2014, S. 664).

3.2.7 Verankerung der Themen Ethik und Compliance in der organisationalen Struktur

Um die Wichtigkeit ethischer Werte und ihre Einhaltung auch organisational im Unternehmen sichtbar zu machen, sollte entweder eine Zuordnung der Zuständigkeit für diese Themen zu einem Vorstandsressort, die Ernennung eines *Compliance-Committees* (bestehend aus Führungskräften zentraler Bereiche, zum Beispiel Recht, Personal et cetera) oder eines *Compliance-Officers* erfolgen.[39]

Auch die Einrichtung eines *Compliance-Offices,* das als organisationale Einheit des Unternehmens beispielsweise die Ausarbeitung von Ethiktrainings übernimmt, eine Anlaufstelle für Management und Mitarbeiter im Umgang mit ethischen Dilemmata darstellen kann und die unabhängige Berichterstattung an die Leitungsgremien des Unternehmens verantwortet, ist denkbar.[40] Je nach inhaltlicher Ausrichtung und Werteorientierung eines Unternehmens kann neben einem Compliance-Office außerdem die organisationale Verankerung eines *CSR- oder Sustainability-Offices* sinnstiftend sein.[41] Ist ein Unternehmen beispielsweise im internationalen Holzhandel tätig, ist es zusätzlich zu Compliance-Themen, wie beispielsweise der Gefahr der Korruption oder Geldwäsche sicherlich auch mit Nachhaltigkeitsthemen, wie der Erhaltung der Artenvielfalt oder der Böden sowie Arbeits- und Lebensbedingungen der Menschen vor Ort konfrontiert.

Die Zuweisung dieser Zuständigkeit birgt jedoch die Gefahr, dass die Verantwortlichkeit für ethische Fragen des Unternehmens an oben beschriebene organisationale Einheiten delegiert wird.[42] Abgesehen von diesem spezifischen Zuständigkeitsbereich ist es jedoch notwendig, dass unternehmensethische Instrumente konsistent über verschiedenste Bereiche des Unternehmens hinweg verankert und in betriebliche Entscheidungsprozesse integriert werden. Das heißt, dass beispielsweise durch die interne Revision die bestehenden Kontrollsysteme regelmäßig evaluiert werden, Querschnittsfunktionen des Managements (wie beispielsweise Personal- oder Finanzabteilung) spezifische Prozesse erarbeiten, welche die Einhaltung der Unternehmenswerte sicherstellen et cetera. Werte und Strukturen müssen also für die alltägliche Unternehmenspraxis relevant gemacht und ihre Wichtigkeit muss vorgelebt werden.[43]

---

[39]Vgl. Grüninger (2014, S. 66).
[40]Fürst (2014, S. 653).
[41]Vgl. Wieland (2014b, S. 22).
[42]Carroll und Buchholtz (2015, S. 243).
[43]Vgl. Fürst (2014, S. 652, 659).

▶ **Key Learning**

- Machen Sie sich (als *Young Professional*) mit den vorliegenden unternehmensethischen Strukturen und eingesetzten Instrumenten im Unternehmen vertraut.
- Sie sollten die Inhalte des *Code of Conducts* verinnerlichen und wissen, an welche Stellen oder Personen Sie sich wenden können, falls Sie Fragen zu einem konkreten Vorgehen haben oder in einer ethischen Dilemmasituation Rat benötigen.

3.3   Umsetzung: Verankerte Strukturen durch Unternehmenskultur und ethische Führung mit Leben füllen

Die unter Abschn. 3.2 vorgestellten Instrumente zur Unterstützung ethischer Entscheidungen und Einhaltung unternehmensinterner wie -externer Standards sind wesentliche Bausteine eines Gerüstes – sie allein sind jedoch nicht ausreichend, um es zum Leben zu erwecken und damit zu einem effektiven System werden zu lassen. Werden solche Instrumente nicht in die richtige organisationale Kultur eingebettet, ist ihre Effektivität als eher gering einzuschätzen.[44]

Wodurch zeichnet sich eine solche Kultur aus? Jede organisationale Kultur definiert sich durch geteilte Werte, Ansichten, Verhalten und Prozesse. Ein großer Teil dieser Kultur läuft informell ab, weswegen ethischer Führung und Werten eine bedeutendere Rolle zukommt als formalen Regeln. In einer Unternehmenskultur, die ethische Entscheidungen fördert, werden ethisches Verhalten, Werte und Maßnahmen aktiv gezeigt, gefördert und belohnt.[45] Darüber hinaus schafft eine solche Kultur eine Atmosphäre des Vertrauens und der Offenheit, sodass Mitarbeiter sich dazu befähigt und sogar bestärkt fühlen, ethische Dilemmata offen anzusprechen, zu diskutieren und auch kreative Ansätze zu deren Lösung einzubringen.[46] Bei dem Versuch, Probleme zur Sprache zu bringen, bevor sie zu Treibern eines möglichen Fehlverhaltens werden, und um Mitarbeiter dazu zu motivieren, häufig auftretende Problemsituationen immer wieder neu zu überdenken, können sogenannte *Speak-up-Programme* herangezogen werden.

---

[44]Vgl. Carroll und Buchholtz (2015, S. 235).
[45]Vgl. Carroll und Buchholtz (2015, S. 235 f.).
[46]Vgl. Fürst (2014, S. 633).

Diese enthalten beispielsweise „regelmäßig stattfindende Diskussionsrunden zu ethisch relevanten Themen mit den Managementteams, Blogs, [...], Feedback-runden etc."[47] Erfolgsentscheidend ist, ob und inwieweit das Management dazu bereit ist, auch noch so herausfordernde oder unangenehme Fragen offen zu dis-kutieren und zu beantworten.[48] In der Etablierung der richtigen Kultur kommt dem Management also eine besonders wichtige Rolle zu, wie Caroll und Buch-holtz auch mit der Aussage „The moral tone of an organization is set by the top management"[49] beschreiben. In mehreren Studien konnten sie belegen, dass die Führungskräfte eines Unternehmens den größten Einfluss auf ethisches Verhalten in einer Organisation ausüben können. Auch Wieland zufolge werden die „Dyna-mik und die Aufmerksamkeit einer Organisation im Hinblick auf Integritäts- und Compliance-Themen [...] grundlegend beeinflusst vom Führungsstil und von der Führungskultur eines Unternehmens."[50] Damit sich eine ethische Unternehmens-kultur entwickelt, muss moralische Führung durch den Vorstand und die Manage-mentriege also allgegenwärtig sein.[51]

   Doch wodurch zeichnet sich ethische Führung aus? Dem Konzept von Tre-viño, Hartman und Brown folgend, basiert ethische Führung auf zwei Säulen: So muss eine Führungskraft zugleich selbst eine „Moral Person"[52] und ein „Moral Manager"[53] sein. Eine *Moral Person* weist demnach Charakterzüge wie Integri-tät, Ehrlichkeit und Vertrauenswürdigkeit auf. Ihr Verhalten zeichnet sich dadurch aus, dass sie das Richtige tut, ehrliches Interesse und Mitgefühl für andere zeigt, indem sie diese mit Würde und Respekt behandelt, gleichzeitig offen, kommu-nikativ und ein guter Zuhörer ist und sich selbst nach ethischen Prinzipien ver-hält. Ihre Entscheidungen sollte eine *Moral Person* an ein Set ethischer Werte und Prinzipien knüpfen, objektiv und fair handeln, aus einer Perspektive heraus agieren, die auch Anliegen der Gesellschaft und Gemeinschaft einbezieht, und auf grundlegende ethische Entscheidungsregeln bauen. Wird eine Person in diesen Dimensionen von anderen als *Moral Person* wahrgenommen, kann sie auch zum *Moral Manager* werden und das ethische bzw. unethische Verhalten ihrer Mitar-beiter durch proaktive Bemühungen beeinflussen. Ein *Moral Manager* geht dabei

---

[47]Fürst (2014, S. 663).
[48]Vgl. Fürst (2014, S. 633).
[49]Carroll und Buchholtz (2015, S. 237).
[50]Wieland (2014b, S. 33).
[51]Vgl. Carroll und Buchholtz (2015, S. 233, 237).
[52]Treviño et al. (2000, S. 128).
[53]Treviño et al. (2000, S. 128).

mittels sichtbarer Maßnahmen als Vorbild voran, kommuniziert die grundlegenden Werte und ethischen Standards, die sich die Organisation zuschreibt, und
setzt Anreiz- und Belohnungssysteme ein, durch die Mitarbeiter für ihr Verhalten
zur Verantwortung gezogen werden.[54]

Es wird deutlich, dass die wirksame Umsetzung ethischer Führung im Unternehmen einen ganzheitlichen Ansatz erfordert, der sich auf mehrere Dimensionen bezieht. Formelle Strukturen und Prozesse im Unternehmen dienen in diesem
Prozess als Rahmen und Orientierung; aber erst durch die informelle Verankerung
in der Unternehmenskultur und das Vorleben von Werten und erwünschtem Verhalten durch das Management kann ein umfassendes Wertemanagementsystem
entstehen, das ethische Entscheidungen begünstigen und unerwünschtem Verhalten vorbeugen kann.

> **Key Learning**
> - Seien Sie sich als angehende Führungskraft Ihrer Vorbildfunktion
>   bewusst. Kommunizieren Sie offen, seien Sie ein guter Zuhörer und
>   treffen Sie faire, nachvollziehbare und ethisch richtige Entscheidun-
>   gen. Fördern und fordern Sie ethisches Verhalten Ihrer Mitarbeiter,
>   indem Sie dieses vorleben.

3.4 Die Rolle des Individuums und die Entwicklung eines moralischen Charakters

Die Unternehmensethik ist ein ganzheitliches Konzept, das mit seinen diversen
Instrumenten eine bessere moralische Praxis im Unternehmen und damit für alle
Beteiligten ethisch wünschenswerte Ergebnisse anstrebt. Bei der Realisation die-
ses Ziels kommt es dabei auf den einzelnen Mitarbeiter, seine alltäglichen unter-
nehmerischen Entscheidungen und sein Handeln an. Es ist die Summe dieser
Entscheidungen, die das (un-)ethische Verhalten eines Unternehmens ausmacht.
Daher ist es essenziell sich das kleinste Glied in der Sphäre der Unternehmen-
sethik genauer anzuschauen: das Individuum und seinen Charakter.

Formale Managementsysteme, wie sie im Rahmen des Compliance-Manage-
ments (siehe Abschn. 3.2) angewandt werden, und informelle Strukturen wie eine
offene Führungs- und Unternehmenskultur (siehe Abschn. 3.3) sind notwendige,
allerdings nicht hinreichende Bedingungen für ethisches Handeln im Unternehmen.[55]

---

[54]Vgl. Treviño et al. (2000, S. 131 ff.) (von den Autoren übersetzt).
[55]Vgl. Wieland (2014c, S. 381).

Ihr Einfluss auf das Verhalten von Individuen im ökonomischen Umfeld mit seinen diversen materiellen Anreizen stößt an seine Grenzen. Weiter sind rein rationale Motive und Anreize selten alleiniger Grund für das moralische Verhalten von Menschen. Das Streben nach dem Erhalt eines positiven Selbstbilds[56], Erziehung[57], Emotionen wie Scham und Schuld[58] sowie moralische Anreize[59] sind weitere wichtige Faktoren zur Erklärung von sittlichem Verhalten von Individuen. Es ist deshalb von Bedeutung, sich im Rahmen der Unternehmensethikdiskussion damit zu beschäftigen, welche konkreten emotionalen bzw. kognitiven Prozesse für das ethische Verhalten von Individuen entscheidend sind und wie der *individuelle moralische Charakter* des Handelnden weiterentwickelt werden kann.[60]

Führungskräfte stehen im Berufsalltag bei so manchen Entscheidungen konkurrierenden Interessen und Werten gegenüber. Diese zu erkennen und zu reflektieren, Handlungsoptionen zu konstruieren und zu evaluieren, ist keine einfache Aufgabe, spielt allerdings für den Fortbestand und Erfolg des Unternehmens und für involvierte Stakeholder eine entscheidende Rolle. Moralische Reflexion und der Umgang mit moralischen Dilemmata im Unternehmen gehören zu Fähigkeiten von Führungspersönlichkeiten mit einem ausgeprägten moralischen Charakter.[61] Um die kognitiven und emotionalen Anforderungen an die Führungsperson bei solchen Entscheidungen besser zu verstehen, ist es sinnvoll, sich den moralischen Entscheidungsprozess anzuschauen.

Der Prozess einer moralischen Entscheidungsfindung *(Multi-Stage Model of Moral Decision Making)* kann nach Tanner und Christen (2014) modellhaft anhand von vier wechselwirkenden Stufen beschrieben werden. Zunächst hat der Entscheider einen gewissen Willen *(Motivation)* moralische Ziele zu verfolgen und sich an internalisierte Werte und Normen zu halten. In der zweiten Stufe erkennt und benennt er die moralischen Dimensionen einer ökonomischen Transaktion *(Perception)*. In der nächsten Stufe entwickelt er mögliche Handlungsoptionen und trifft eine Entscheidung *(Decision Making)*. Schließlich setzt der Entscheider die gewählte Handlungsoption in die Tat um und ergreift alle dafür notwendigen Maßnahmen *(Action)*.[62]

---

[56]Vgl. Mazar et al. (2008, S. 633 f.).
[57]Vgl. Narvaez und Lapsley (2014, S. 227 f.).
[58]Vgl. Cohen et al. (2012, S. 355 f.).
[59]Vgl. Wieland (2014c, S. 381). Moralische Anreize können dabei zum Beispiel *Ethical Reminders* im Unternehmen sein, die vor einer ökonomischen Transaktion den Mitarbeiter an seine moralische Verantwortung erinnern.
[60]Vgl. Wieland (2014c, S. 381).
[61]Vgl. Wieland (2014c, S. 388 f.).
[62]Vgl. Tanner und Christen (2014, S. 122 ff.).

Eine Person mit einem moralischen Charakter verfügt über Fähigkeiten, die einen effektiveren Ablauf dieses moralischen Entscheidungsprozesses erlauben und zu wünschenswerten Ergebnissen für die involvierten Parteien führt. Diese Fähigkeiten können unter dem Konzept der moralischen Intelligenz zusammengefasst werden.[63] Im Unterschied zu anderen Intelligenzarten, wie der sozialen oder technischen Intelligenz, ist ein moralisch intelligenter Mensch jemand, der danach strebt, moralische Ziele zu erreichen, indem er nach moralischen Prinzipien lebt und Fähigkeiten der Selbstkontrolle nutzt, um wünschenswerte Ergebnisse für die Gesellschaft, die Mitmenschen und die Umwelt zu erreichen.[64] Er ist weiter in der Lage, komplexe moralische Informationen zu verarbeiten und aus moralischen Standards Handlungsanweisungen abzuleiten. Nach Tanner und Christen (2014) kann die moralische Intelligenz eines moralischen Agenten mithilfe von fünf Bausteinen dargestellt werden (siehe Abb. 3.1).

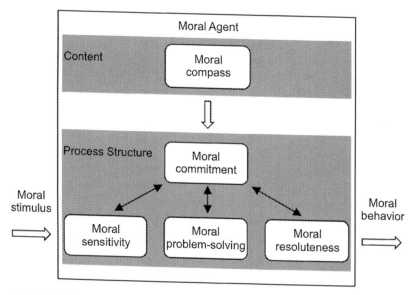

Abb. 3.1 Die fünf Bausteine moralischer Intelligenz im mehrstufigen Modell moralischer Entscheidungsfindung. (Eigene Darstellung in Anlehnung an Tanner und Christen 2014, S. 127)

---

[63]Vgl. Lennick und Kiel (2007), Tanner und Christen (2014).
[64]Tanner und Christen (2014, S. 120 f.) (von den Autoren übersetzt).

Allem voran braucht der Entscheider einen inneren moralischen Kompass, der seine verinnerlichten Werte, Normen und Überzeugungen vereint.[65] Dieser Kompass fungiert als ein Referenzsystem für die Evaluation von Entscheidungsoptionen ökonomischer Transaktionen. Der moralische Kompass kann geprägt sein durch die Erziehung, die Gesellschaft oder das eigene Unternehmen und den dort kodifizierten Werten, Regeln sowie ihrer Auslebung im Arbeitsalltag. Die weiteren vier Bausteine spiegeln sich in der Struktur des zuvor beschriebenen moralischen Entscheidungsfindungsprozesses wider. Ein moralisch intelligenter Agent verfügt über die Bereitschaft moralische Ziele, die mithilfe des moralischen Kompasses definiert werden, zu priorisieren, sich diesen zu verschreiben und so eine moralische Identität zu entwickeln (Moral Commitment).[66] Weiterhin ist er in der Lage, Werte- und Interessenskonflikte sowie moralische Dilemmata in einer gegebenen Situation zu identifizieren, indem er die Konsequenzen seiner Handlungen für die betroffenen Parteien absieht (Moral Sensitivity).[67] Ein moralischer Agent ist zudem fähig Handlungsoptionen zu konstruieren und zu evaluieren, die moralisch erwünschte Ergebnisse liefern (Moral Problem Solving).[68] Schließlich verfügt der moralische Entscheider auch über die Entschlossenheit, konsistent in Bezug auf seine verinnerlichten Werte und moralischen Standards zu handeln, trotz möglicher Widerstände wie zum Beispiel mangelnder Ressourcen, Zeitdruck oder der Gefährdung der eigenen Karriere (Moral Resoluteness).[69] Führungspersonen, die moralisch intelligente Entscheidungen treffen wollen, sollten demnach alle fünf Bausteine bzw. kognitive Fähigkeiten moralischer Intelligenz erwerben oder erweitern und so einen moralischen Charakter entwickeln. Dies geschieht indes immer durch die moralische Praxis, das heißt durch das Beobachten anderer sowie wiederholtes eigenes Handeln und Treffen von ethischen Entscheidungen.[70]

Bewusst gewählte Instrumente und das Vorleben moralischer Werte und Entscheidungen durch die Unternehmens- und Führungskultur können die moralische

---

[65]Vgl. Tanner und Christen (2014, S. 127 f.).

[66]Vgl. Tanner und Christen (2014, S. 128 f.).

[67]Vgl. Tanner und Christen (2014, S. 130 f.).

[68]Vgl. Tanner und Christen (2014, S. 132 f.).

[69]Vgl. Tanner und Christen (2014, S. 134 f.).

[70]Vgl. Tanner und Christen (2014, S. 136).

Charakterbildung von Mitarbeitern fördern, während das Fehlen dieser die Charakterformation hindert.[71] Ein Wertemanagementsystem, das beispielsweise einen Code of Ethics, Richtlinien und Regeln implementiert sowie Integrität und Vorbildcharakter bei den Führungspersönlichkeiten aufweist, minimiert so für den individuellen Entscheider die Anzahl potenzieller moralischer Konflikte und Dilemmata, fördert Aufmerksamkeit und Bewusstsein für die moralische Dimension unternehmerischen Handelns und stärkt das Pflichtbewusstsein gegenüber involvierten Stakeholdern. Wenn dagegen Werte und Normen als Leitlinien für individuelles Verhalten fehlen, Strukturen wie ein Compliance-Office nicht vorhanden sind und die Kommunikation immer nur einseitig erfolgt, so hat das einen negativen Einfluss auf die moralische Charakterbildung von Mitarbeitern. Insofern ist es das Zusammenwirken aller drei Ebenen – die formellen Strukturen und Prozesse, der informelle Rahmen und der individuelle moralische Charakter –, welches das (un-)ethische Verhalten von Mitarbeitern erklärt. Instrumente der Unternehmensethik sollten daher so gestaltet werden, dass sie den moralischen Charakter der individuellen Entscheider so weit wie möglich unterstützen.

Die Fähigkeiten von (angehenden) Führungspersönlichkeiten, ihre moralische Intelligenz im Sinne der (Weiter-)Entwicklung eines moralischen Charakters auszubauen, können und sollten aktiv vom Unternehmen gefördert werden. Möglichkeit hierzu bieten verschiedene Instrumente. An dieser Stelle werden exemplarisch drei Ansätze genannt.

Das Erzählen von moralischen Geschichten schärft die Aufmerksamkeit und das Verständnis für Werte und Normen im Unternehmen und erleichtert die Herausbildung von moralischem Engagement.[72] Vergleichbar mit Märchen für Kinder lassen sich solche Corporate-Stories einfacher kommunizieren, bleiben länger im Gedächtnis der Mitarbeiter und wecken Emotionen besser als Fakten und Richtlinien. Eine weitere Möglichkeit bietet eine Mentorenbeziehung mit einer erfahrenen Führungsperson. Ein solcher Wissenstransfer auf persönlicher Ebene erlaubt es, Fettnäpfchen und Trugschlüsse von ökonomischen Handlungsoptionen auf der Basis eines durchlebten Erfahrungsschatzes des Mentors aufzuzeigen und so beim Mentee ein tief gehendes Verständnis für moralische Probleme im Business und ein Gespür für diese zu entwickeln.[73] Abschließend sind es Unternehmenstrainings, in denen realitätsnahe Fallstudien gelöst werden sollen, die

---

[71]Vgl. Wieland (2014c, S. 388) und Tanner und Christen (2014, S. 136).
[72]Vgl. Wieland (2014c, S. 390).
[73]Vgl. Narvaez und Lapsley (2014, S. 236).

helfen Lernprozesse zu beschleunigen.[74] Eine Fallstudie bietet die Möglichkeit, branchennah die Komplexitätsebenen moralökonomischer Transaktionen abzubilden und die Interessenkonflikte zwischen den verschiedenen involvierten Stakeholdern nachzuahmen. So können Individuen oder ein Team den Umgang mit moralischen Dilemmata üben und werden gefordert, kreative Lösungsansätze zu entwickeln.

Im Kap. 4 wird eine solche Fallstudie aus didaktischen Zwecken präsentiert und die Vorgehensweise bei einem moralischem Dilemma exemplarisch dargelegt.

▶ **Key Learning**
   • Ein moralischer Charakter sowie Fähigkeiten der moralischen Intelligenz helfen dabei, den Umgang mit moralischen Dilemmata zu erleichtern und führen langfristig zu ethisch wünschenswerteren Ergebnissen. Insbesondere als *Young Professional* fehlt einem hierzu die nötige moralische Praxis.
   • Verinnerlichen Sie die einzelnen Bausteine der moralischen Entscheidungsfindung, und üben Sie sich darin, die nötige Aufmerksamkeit für die moralischen Dimensionen ökonomischer Transaktionen aufzubringen.
   • Fordern Sie ggf. bei Ihrem Unternehmen entsprechende Trainings oder ein Mentorenverhältnis zu einer erfahrenen Führungsperson ein, um Ihren moralischen Charakter stärker zu entwickeln.

---

[74]Vgl. Peters (2015, S. 96).

Fallbeispiel: Ethische Entscheidungen treffen

4

Nachfolgend wird eine Fallstudie – „Die Blumenträume GmbH" – vorgestellt sowie ein Lösungsvorschlag der Autoren präsentiert. Der Fall wurde von den Autoren konstruiert. Die beschriebenen Zusammenhänge und Vorgänge entspringen der Fantasie der Autoren, sind jedoch an die Branchenpraktiken angelehnt. Der Fall soll Ihnen den bisherigen normativen Aufbau des Themengebietes verdeutlichen sowie das Gelesene vertiefen und ist somit von didaktischer Natur.

4.1 Die Blumenträume GmbH: Herrn Immergrüns Dilemma

Seit nun schon zwei Jahren arbeiten Sie, Paul Immergrün, nach Abschluss Ihres Studiums, im Einkauf des global aufgestellten Blumenfilialisten Blumenträume GmbH. Aufgrund überzeugender Leistungen konnten Sie bereits nach kurzer Zeit eine Sprosse auf der Karriereleiter erklimmen, leiten seit kurzem die Abteilung *Einkauf Rosen Global* und führen ein kleines Team von drei langjährigen Mitarbeitern. Ihr Vorgesetzter, Herr Pusteblume, ist als Direktor des Einkaufs direkt der Geschäftsführung unterstellt. Ihre Aufgabe bietet Ihnen die Möglichkeit, Ihren Kollegen und vor allem Ihrem Vorgesetzten Ihre Führungsqualitäten zu beweisen. Nach anfänglichen Startschwierigkeiten konnten Sie das Vertrauen und die Loyalität Ihrer Mitarbeiter gewinnen und sind somit auf einem guten Weg, noch mehr Verantwortung übernehmen zu können.

Sie haben sich vor zwei Jahren bewusst für die Blumenträume GmbH entschieden. Sie reizte am Unternehmen zum einen, die als offen beworbene Unternehmenskultur, mit der eine ausgeprägte Feedback-Kultur sowie eine moderne Open-Door-Kommunikation einhergehen sollte, die die Mitarbeiter

© Springer Fachmedien Wiesbaden GmbH 2018
V. Kartini et al., *Unternehmensethische Ansätze für Business-Entscheidungen*,
essentials, https://doi.org/10.1007/978-3-658-20998-8_4

dazu anhalten, sich aktiv einzubringen. Zum anderen gefiel Ihnen, dass sich die Blumenträume GmbH trotz des harten Wettbewerberumfeldes dem verantwortungsbewussten und sozial gerechten Vertrieb von Blumen verschrieben hat. Die Belegschaft ist stolz darauf, dass sich das Unternehmen an die hoch gesteckten Ansprüche hält, auch wenn dieser Ansatz das Unternehmen immer wieder vor Herausforderungen stellt. Denn obwohl die öffentliche Meinung und das Bewusstsein der Kunden für die Verantwortlichkeit der Unternehmen für ihre Lieferkette, fairen Anbau und faire Arbeitsbedingungen steigen, achten die Kunden in erster Linie nach wie vor auf die Preise der Blumen. Diese Preissensitivität der Kunden stellt vor allem im Hinblick auf die Wettbewerbssituation eine Herausforderung dar. Denn die Implementierung der gesteckten Fair-Trade-Ziele (zum Beispiel: Garantie fairer Bezahlung auf den Blumenplantagen) ist mit Kosten verbunden. Gleichzeitig schließt die Wettbewerbssituation jedoch eine Erhöhung der Preise im Abverkauf aus, was die Blumenträume GmbH unter Druck setzt.

Sie haben sich in ihrer Entscheidung bei der Blumenträume GmbH einzusteigen, besonders bestärkt gefühlt, als Sie direkt zu Beginn mit allen anderen Neueinsteigern an einer zweitägigen Schulung zum Thema CSR und Nachhaltigkeit teilnehmen mussten. Dort wurden bei der Besprechung des Code of Conducts unter anderem die Richtlinien für die Auswahl von Lieferanten und deren Monitoring besprochen. Um dem Anspruch zusätzlich Ausdruck zu verleihen, musste der Code of Conduct außerdem unterschrieben in der HR-Abteilung abgegeben werden. Zudem ist jeder Mitarbeiter verpflichtet, halbjährlich an einem Online-Training teilzunehmen, um das Wissen zu dieser Thematik regelmäßig aufzufrischen.

Entsprechend den Richtlinien zum Monitoring von Lieferanten, fliegt eine Ihrer Mitarbeiterinnen, Frau Margerite, im Rahmen der zweijährigen Zusammenkunft zu einem Ihrer Haupt-Rosenlieferanten, Flora LLC, nach Kenia. Seit Jahren pflegt das Unternehmen einen ausgezeichneten Kontakt zu diesem wichtigen Partner, auf den 20 % des Gesamtumsatzes entfallen. Diese positive Beziehung ist auch für Flora LLC von großem Interesse, da die Blumenträume GmbH zu den zwei größten Kunden des afrikanischen Unternehmens gehört. Gemeinsam mit den Kollegen vor Ort verfolgt man seit einigen Jahren einen nachhaltigen Anbau von Rosen unter fairen Arbeitsbedingungen.

Nach ihrer Rückkehr berichtet Ihnen Frau Margerite, dass weiterhin alle Vereinbarungen eingehalten würden und die Rosenzucht bei Flora LLC dieses Jahr vortreffliche Ergebnisse verspreche. Diese gute Nachricht wird getrübt durch die Tatsache, dass sie vor Ort von Protesten gegen den Lieferanten durch die dortige Bevölkerung gehört habe. Die Rosenproduktion verschlinge Unmengen an Wasser, weshalb das Unternehmen immer tiefere Brunnen bohre, was den umliegenden Dörfern überlebenswichtige Wasserquellen raube. Die Landwirte könnten ihre eigenen Felder nicht mehr bestellen und somit die Ernährung ihrer Familien nicht länger sicherstellen. Sie hören von diesem Problem das erste Mal, danken Frau Margerite für ihre Offenheit und versprechen ihr nach einer Lösung für die Situation zu suchen.

Da Sie die Loyalität Ihrer Mitarbeiterin nicht gefährden und Ihr Versprechen einhalten möchten, gleichzeitig aber hinsichtlich Ihrer Karriereplanung niemandem auf die Füße treten wollen, zögern Sie anfänglich Ihren Chef, Herrn Pusteblume, über die Situation zu informieren. Sie suchen zunächst selbstständig nach Lösungsansätzen, entscheiden sich aber letztendlich, auch im Sinne der Open-Door-Kommunikation, dafür, das Gespräch mit ihm zu suchen. Im Gespräch teilt er Ihnen Folgendes mit: „Unsere Verantwortung hat auch Grenzen. Insbesondere aufgrund des derzeit enormen Preisdrucks müssen wir uns auf die Sicherung unseres eigenen Fortbestehens fokussieren. Wir können es uns nicht leisten, die Beziehung zu Lieferanten zu gefährden. Die Flora LLC ist zudem einer unserer wichtigsten und zuverlässigsten Partner und das soll auch so bleiben."

Nach dem Gespräch mit Herrn Pusteblume verlassen Sie verunsichert den Raum.

Nehmen Sie sich vor der Fallbesprechung einen Moment Zeit, um sich zu den folgenden Fragen Gedanken zu machen
- Worin bestehen die Dilemmata?
- Welche Optionen zur Handlung haben Sie, um diese Dilemmata zu lösen?
- Welchen Weg sehen Sie für sich persönlich als beste Lösung?

Weitergedacht!
- Welche Herausforderungen der modernen Wirtschaftswelt werden an diesem Beispiel deutlich?
- Inwiefern kann die ethische Führung dazu beitragen, diese zu bewältigen?

4.2 Fallbesprechung

Im Folgenden werden Möglichkeiten aufgezeigt, wie nach Meinung der Autoren mit den verschiedenen Problemen aus Sicht des Herrn Immergrün umgegangen werden kann. In diesem Zusammenhang werden zu Beginn die Stakeholder sowie deren Interessen und Ziele identifiziert,[1] die von der Situation betroffen sein

---

[1]Vgl. Wieland (2015).

könnten. Darauf aufbauend werden die einzelnen Dilemmata in ihrer Problematik erläutert, die verschiedenen Handlungsalternativen beleuchtet sowie die daraus resultierenden Konsequenzen evaluiert.[2]

4.2.1   Die Stakeholder und ihre Interessen

Herr Immergrün sollte sich zu Beginn klarmachen, auf welche Stakeholder seine Entscheidung Auswirkungen hat und welche Interessen dabei die Stakeholder verfolgen (siehe Tab. 4.1). Diese Überlegung hilft dabei, sich die grundlegenden Entscheidungsfaktoren vor Augen zu führen, und legt somit die Basis für eine fundierte Entscheidung.

4.2.2   Dilemmatadarstellung, mögliche Lösungswege und deren Konsequenzen

Nachdem sich Herr Immergrün den betroffenen Stakeholdern sowie deren Interessen und Ziele bewusst gemacht hat, kann er sich anschließend den Dilemmata des Falles zuwenden. In dem Fall treten mehrere Interessens- bzw. Wertekonflikte auf (1a, 1b und 2), die im Folgenden einzeln aufgezeigt werden, um anschließend Möglichkeiten zu besprechen, wie mit der jeweiligen Situation aus Sicht des Herrn Immergrün umgegangen werden kann. Die sich dadurch ergebenden Handlungsalternativen werden darüber hinaus dahin gehend geprüft, welche Auswirkungen die jeweiligen Entscheidungen auf die unterschiedlichen Stakeholder haben können und inwiefern die Handlungsoptionen in deren entsprechenden Verantwortungsbereichen liegen.

1a *Unternehmensdilemma:* **Abhängigkeit vs. Verantwortung des Unternehmens**
Die Proteste der kenianischen Dorfbewohner stellen die Partnerschaft zwischen der Blumenträume GmbH und der Flora LLC auf die Probe. Zwischen den zwei Unternehmen besteht eine wirtschaftliche Abhängigkeit, die sich darin äußert, dass zum einen die Blumenträume GmbH 20 % ihres Umsatzes mit den Produkten, die

---

[2]Vgl. Blanchard und Peale (1988).

Tab. 4.1 Auflistung relevanter Stakeholder mit deren Interessen und Zielen

Stakeholder[a]	Interessen und Ziele
Herr Immergrün	Herr Immergrün möchte eine vorbildliche Führungskraft für seine Mitarbeiter sein. Außerdem strebt er eine Karriere bei einem modernen Unternehmen an, das sich seiner Verantwortung bewusst und seiner postulierten CSR-Politik treu ist
Herr Pusteblume	Herr Pusteblume als Direktor des Einkaufs hat vor allem eine sichere Blumenlieferung und vorteilhafte Preiskonditionen sowie gute und langfristige Beziehung zum Lieferanten im Auge. Flora LLC ist langjähriger, verlässlicher Partner und zudem werden 20 % des Umsatzes mit Blumen des Lieferanten erwirtschaftet. Diese Beziehung zu gefährden könnte dem Unternehmensinteresse schaden
Management der Blumenträume GmbH	Das Unternehmen möchte seinen Fortbestand sichern. Zudem wird es darauf bedacht sein, die Marktposition zu halten, wenn nicht auszubauen. Zudem sollen dabei die eigenen ethischen Vorsätze gewahrt werden
Kunden der Blumenträume GmbH	Beim Kauf einer Rose der Blumenträume GmbH erwartet der Kunde ein preisgünstiges und gleichzeitig qualitativ hochwertiges Produkt, das den Kriterien der nachhaltigen Produktion und fairen Arbeitsbedingungen entspricht
Herrn Immergrüns Mitarbeiter	Von ihrem Vorgesetzten erwarten sie, dass sich Herr Immergrün um ihre Anliegen kümmert und diese ernst nimmt, sowie seiner Funktion als Vorbild gerecht wird. In diesem Zusammenhang wird Frau Margerite erwarten, dass Herr Immergrün sich um die Lösung der Situation in Kenia bemüht
Management der Flora LLC	Das Unternehmen Flora LLC wünscht sich seinen Fortbestand. Daher hat das Unternehmen auch ein starkes Interesse daran, dass die wichtige Partnerschaft zu einem wichtigen Kunden, die Blumenträume GmbH, weiterhin bestehen bleibt
Dorf in Kenia	Die Dorfbewohner wollen ihre Lebensumstände verbessern. Es geht ihnen in erster Linie darum, wieder Zugang zu ihrer Lebensgrundlage „Wasser" zu bekommen, um sich unabhängig von Dritten zu machen[b]

[a]Ein weiterer, aber in der weiteren Besprechung nicht betrachteter Stakeholder ist die Öffentlichkeit. Dieser Stakeholder nimmt nur geringen Einfluss auf die Lösung des Problems
[b]Hier zeigt sich das Problem der öffentlichen Güter. Dieses Gut zeichnet sich dadurch aus, dass es frei zugänglich ist sowie niemand von seinem Gebrauch ausgeschlossen werden kann. Wasser ist demnach ein öffentliches Gut. Allerdings sind gemeinschaftlich genutzte Ressourcen von Ausbeutung bedroht. Durch die Ausbeutung wird das Gut knapp und ist nicht mehr für jeden frei verfügbar. Dieses Phänomen ist in der Literatur auch als die „Tragik der Allmende" bekannt. Das öffentliche Gut wird damit zu einem Gemeingut. Gleiches gilt beispielsweise für die Überfischung der Weltmeere. Um sich dieses Problems anzunehmen, wird in der Literatur beispielsweise vorgeschlagen, das Gut unter staatliche Kontrolle zu stellen oder es zu privatisieren (Siehe dazu weiterführende Literatur: Ostrom, E. 1990)

sie von der Flora LLC bezieht, generiert. Zum anderen zählt die Blumenträume GmbH zu den zwei größten Kunden der Flora LLC.

Zudem konnte auf Grundlage der langjährigen Partnerschaft eine breite Vertrauensbasis aufgebaut werden: Die Rosenzüchtung und -produktion stellte stets die hohen Qualitätsvorstellungen der Blumenträume GmbH zufrieden. Darüber hinaus verständigten sich beide Unternehmen entsprechend des Fair-Trade-Gedankens auf gute Arbeitsbedingungen sowie angemessene Bezahlungen der Arbeiter in Kenia.

Die Frage aus Sicht der Blumenträume GmbH ist, wie eine Lösung hinsichtlich der Situation der kenianischen Dorfbewohner mit der Flora LLC gestaltet werden kann. Aufgrund der weit fortgeschrittenen gegenseitigen wirtschaftlichen Abhängigkeit kann einerseits die Blumenträume GmbH nur sehr dosiert Druck auf die Flora LLC ausüben, andererseits kann sich die Flora LLC nicht komplett einer Lösung versperren. Eine Beendigung der Partnerschaft scheint aufgrund der hohen Folgekosten unrealistisch. Denkbar wäre beispielsweise ein Kompromiss dahin gehend, dass die Blumenträume GmbH die Flora LLC bei der Lösung technisch sowie finanziell unterstützt. Möglich wäre auch die Installation einer neuen, wassersparenden Bewässerungsanlage.

Bei diesem Dilemma handelt es sich um ein gesamtunternehmerisches Problem, welches nicht im Verantwortungs- und Kompetenzbereich des Herrn Immergrün liegt. Damit bleibt offen, ob Herr Immergrün seinem Verantwortungsbereich Genüge getan hat, indem er seinen direkten Vorgesetzten über das Problem in Kenntnis gesetzt hat.

1b *Moralisches Dilemma:* persönliche Karriere vs. ethisches Handeln
Das moralische Dilemma ist als eine Konsequenz aus dem Ergebnis des unternehmerischen Dilemmas zu verstehen. Die Problematik, Herrn Pusteblume ein weiteres Mal anzusprechen oder nicht, stellt sich erst, wenn sich das Unternehmen entschließt, sich dem Thema nicht zu stellen. Herrn Immergrüns Vorgesetzter, Herr Pusteblume, bügelt ihn mit dem Hinweis wirsch ab, dass der Verantwortungsbereich des Unternehmens Grenzen habe und man als Unternehmen zuerst seinen Fortbestand sichern müsse. In Anlehnung an seinen persönlichen Verantwortungsbereich muss sich Herr Immergrün nun die Frage stellen, in welchem Rahmen er darauf reagieren kann. Dabei gibt es in dem Fall, abgesehen davon das Thema nicht weiter zu verfolgen, grundsätzlich zwei Handlungsalternativen:

a) Herr Immergrün kann sich ein weiteres Mal an Herrn Pusteblume wenden und ihn nachdrücklich darauf hinweisen, dass es sich hierbei um ein schwerwiegendes Problem handelt, das einer Lösung bedarf. Allerdings ist die Wahrscheinlichkeit, seinen Vorgesetzten in einem weiteren Gespräch umstimmen zu können, als relativ gering einzuschätzen, da Herr Pusteblume bereits im ersten Gespräch deutlich gemacht hat, dass er keinen Handlungsbedarf sieht.

b) Alternativ kann sich Herr Immergrün an einen unbeteiligten Dritten wenden. Im vorliegenden Fall ist nicht klar, ob es einen CSR-Beauftragten gibt oder nicht. Gibt es einen CSR-Beauftragten, kann Herr Immergrün diesen kontaktieren und um Hilfe bitten bzw. um Rat fragen. Sollte es keinen CSR-Beauftragten geben, könnte Herr Immergrün sich eine Hierarchieebene über Herrn Pusteblume direkt an die Geschäftsführung wenden. Herr Immergrün muss sich allerdings fragen, ob dabei die Kosten in einem guten Verhältnis zum Nutzen seiner Handlung stehen. Zum einen wird dies wahrscheinlich das Verhältnis zwischen Herrn Immergrün und Herrn Pusteblume belasten, da Herrn Pusteblumes Autorität und Glaubwürdigkeit infrage gestellt wird. Dies könnte sich negativ auf Herrn Immergrüns Verhältnis zu seinem Vorgesetzten und damit auch auf seine Karriereperspektiven auswirken. Als eine weitere Konsequenz dieses Lösungsansatzes ist zu bedenken, dass die Eskalation des Themas an die nächsthöhere Führungsebene zunächst zu einer Verschiebung, aber nicht zwangsläufig zu einer Lösung des Problems führt.

2 Persönliches Dilemma

Zusätzlich entwickelt sich ein persönliches Dilemma für Herrn Immergrün in Abhängigkeit zum Ausgang der beiden vorherigen Dilemmata. Erst wenn das Unternehmen nichts unternimmt und auch weitere Versuche erfolglos bleiben, steht Herr Immergrün vor der Frage, im Unternehmen zu bleiben oder zu kündigen. Diese Überlegungen stehen im Einklang mit der von Hirschman postulierten These, dass ein einer Organisation zugehöriger Agent dieser gegenüber grundsätzlich drei Reaktionsmuster hat:[3]

- Voice: Der Betreffende bringt beispielsweise seinen Unmut, oder einen Verbesserungsvorschlag zum Ausdruck (Beispiel Gewerkschaften);
- Loyalität: Der Agent unterstützt weiterhin die Organisation;
- Exit: Der Agent löst die Verbindung zu der Organisation auf und verlässt diese.

Diese Verhaltensweisen stehen Immergrün in seiner Situation ebenfalls zur Verfügung. Nachdem die Voice-Lösung keinen Erfolg brachte, stehen ihm weiterhin zwei Wege offen:

a) **Loyalitätslösung:** Herr Immergrün kann seine moralischen Werte und Ansprüche zurückstellen und anerkennen, dass er nicht in der Position ist oder die Möglichkeiten hat, das Wasserproblem des kenianischen Dorfs zu lösen.

---

[3]Vgl. Hirschman (1980).

Möglicherweise kann die Einsicht, dass das Unternehmen vor dem Hintergrund des harten Wettbewerbsdrucks nur begrenzte Möglichkeiten hat, eine Lösung zu erzeugen, zu dieser Erkenntnis beitragen.

In dieser Lösung steckt allerdings für Herr Immergrün ein weiteres persönliches Dilemma. Herr Immergrün hat seiner Mitarbeiterin Frau Margerite versprochen, sich des Problems anzunehmen. Unternimmt Herr Immergrün keine weiteren Schritte, bricht er sein Versprechen. Die Signalwirkung seines Handelns wird mit Sicherheit negative Auswirkungen auf seine Mitarbeiter, deren zukünftige Zusammenarbeit sowie seine Integrität als Führungskraft ausüben. Für den Fall, dass er keine Lösung für das Problem finden kann, sollte Immergrün unbedingt das Gespräch mit Frau Margerite suchen, um ihr seine Lage darzulegen.

b) **Exit-Lösung:** Herrn Immergrün bleibt schlussendlich darüber hinaus die Möglichkeit zu kündigen. Ein Grund hierfür könnte sein, dass der Widerspruch zwischen Anspruch und Realität hinsichtlich der Unternehmenskultur Herrn Immergrün desillusionieren oder demotivieren, wodurch er sich somit nicht mehr mit dem Unternehmen identifizieren kann oder will. Ein weiterer Grund könnte sein, dass das Verhältnis zwischen Herrn Immergrün und Herrn Pusteblume derart Schaden genommen hat, dass eine konstruktive Zusammenarbeit nur erschwert möglich ist.

Abschließend werden alle Entscheidungsalternativen sowie deren Auswirkungen auf die zuvor identifizierten Stakeholder zusammengefasst. Zugunsten einer übersichtlichen Darstellung werden die Ergebnisse in Abb. 4.1 dargestellt.

4.2.3 Evaluierung

Nachdem die Stakeholder sowie deren Interessen definiert sind und die einzelnen Dilemmata in Verbindung mit ihren Handlungsoptionen und Konsequenzen beleuchtet wurden, stellt sich anschließend die Frage, nach welchem Maßstab die Handlungsoptionen bewertet werden können. In der Literatur werden hierzu unterschiedlichste Ansätze diskutiert.[4] Eine beliebte und einfach umzusetzende Möglichkeit sind die „Ethics Check Questions"[5], die den Akteur bei der Evaluation

---

[4]Weiterführende Literatur: Carroll und Buchholtz (2014, S. 176 ff.).
[5]Vgl. Blanchard und Peale (1988).

	Stakeholder					
	Herr Immergrün	Herr Pusteblume	Blumentraum GmbH	Flora LLC	Kunden	Kenianisches Dorf
Unternehmens-Dilemma — Partnerschaft ohne Veränderungen weiterführen	Keine Veränderung	Keine Veränderung	Keine Veränderung	Keine Veränderung	Keine Veränderung	Hat weiterhin keinen Zugang zu Wasser
Partnerschaft beenden, wenn man zu keinem zufrieden stellenden Ergebnis kommt	Seine Abteilung muss sich um einen neuen Rosenlieferanten bemühen	Keine Angaben möglich	Droht 20% seines Umsatzes zu verlieren; Großteil der kenianischen Arbeiter werden arbeitslos	verliert einen seiner wichtigsten Kunden	Es kann uU zu Lieferengpässen kommen; Qualität könnte uU schlechter werden	Hat weiterhin keinen Zugang zu Wasser
Beide Unternehmen finden eine Lösung und halten an der Partnerschaft fest	Immergrün hat sein Ziel erreicht	Keine Angaben möglich	Bestätigt intern wie extern seinen Anspruch auf Nachhaltigkeit (Werbung/ Reputation)	Konflikt zwischen Flora LCC und lokalen Bevölkerung beigelegt	Nachhaltigkeit weiter ausgebaut	Hat wieder Zugang zu Wasser
moralisches Dilemma — Es kommt zu einem zweiten Gespräch	Kann sein Anliegen nochmals vortragen	Muss sich ein weiteres Mal Immergrüns Anliegen anhören	Keine Angaben möglich	Diese Stakeholder werden von dieser Entscheidung nicht beeinflusst		
Immergrün schaltet CSR Beauftragten ein oder überspringt eine Hierarchieebene	Hat sein Anliegen eskaliert. Beziehung zu Pusteblume verschlechtern sich uU	Wird öffentlich bloßgestellt	Das Wasserproblem des kenianischen Dorfes wird weiter eskaliert	Diese Stakeholder werden von dieser Entscheidung nicht beeinflusst		
persönliches Dilemma — Immergrün lebt mir der Situation	kann sich auf seine Karriere fokusieren	diese Stakeholder werden von dieser Entscheidung nicht beeinflusst oder es sind keine Angaben möglich				
Immergrün kündigt	muss sich neuen Arbeitgeber suchen	diese Stakeholder werden von dieser Entscheidung nicht beeinflusst oder es sind keine Angaben möglich				

Abb. 4.1 Übersicht der Handlungsoptionen und ihrer Auswirkungen auf die Stakeholder. (Eigene Darstellung)

seiner Handlungsoptionen unterstützen. Fällt eine der Antworten auf die Fragen negativ aus, ist die Option aus ethischer Perspektive nicht optimal.

1. Ist meine Entscheidung legal?

   Die Frage geht über die rein rechtliche Betrachtung des Sachverhaltes, wie etwa gesetzliche Bestimmungen, hinaus. Ebenfalls zu berücksichtigen sind unternehmensinterne Regelungen. Bedeutendste Quelle hierzu ist der Code of Conduct des Unternehmens. Mithilfe des Code of Conducts gibt sich das Unternehmen eigene Verhaltensstandards, die als Handlungshilfen insbesondere in schwierigen Entscheidungssituationen dienen sollen.

2. Ist meine Entscheidung ausgewogen?

   Diese Frage betrachtet die Auswirkungen einer Entscheidung auf unterschiedlichen Ebenen. Welche Wechselwirkungen ergeben sich aufgrund meiner Entscheidung auf Unternehmens-, sozialer oder persönlicher Ebene? Drohen etwa meinen Kollegen oder anderen Mitarbeitern Kündigungen? Büßt das Unternehmen Gewinn ein? Es sollte dabei vermieden werden, eine unausgewogene Situation zu erzeugen, die zu neuen Konflikten führt.

3. Wie zufrieden wäre ich mit meiner Entscheidung?

   Der Akteur muss sich zudem hinterfragen, welche Handlungsoption mit seinen persönlichen Einstellungen, Werten und Normen übereinstimmen und welche nicht.

Die Beantwortung der Fragen hängt somit stark von der individuellen Einstellung sowie Prägung des Entscheiders ab. Dennoch liefern diese einfachen Fragen in einem professionellen Umfeld Orientierung, anhand derer der Akteur seine Optionen unter ethischen Gesichtspunkten bewerten kann. Es ist allerdings nicht damit getan, eine Entscheidung auf Basis des vorgestellten Musters zu treffen. Es ist ebenso von Bedeutung, nach einiger Zeit seine Entscheidung ex post zu reflektieren. Durch die nachträgliche Reflexion wird der gefällte Beschluss auf seine tatsächlichen Auswirkungen hin überprüft, wodurch sich etwaige unerwartete oder nicht bedachte Auswirkungen offenbaren. Diese sind vor allem hinsichtlich eines fortlaufenden Lern- und Erfahrungsprozesses von großer Bedeutung. Aufgrund der gewonnenen Erkenntnisse kann der Entscheidungsprozess angepasst oder verbessert werden, was idealerweise im Zeitablauf zu besseren und konsistenten Entscheidungen führt.

4.2.4   Abschließende Bemerkung

Die zu dem Fall beschriebenen Dilemmata veranschaulichen die in der Realität gegebenenfalls tatsächlich auftretenden Probleme: Zulieferer haben aus unterschiedlichsten Gründen Schwierigkeiten hinsichtlich Nachhaltigkeit oder Fair Trade, die potenziell außerhalb des Machtbereiches des eigenen Unternehmens liegen, oder aber ein Vorgesetzter beachtet die ethischen Normen des Unternehmens nicht. Im Laufe einer Karriere werden Schwierigkeiten und Konfliktsituationen auftreten. Der aufgezeigte Fall dient dazu, dem Leser gewisse Thematiken vor Augen zu führen und beispielhaft den Umgang anhand einer Methode zur Strukturierung des Entscheidungsprozesses aufzuzeigen. Die Sensibilisierung ist deshalb von Bedeutung, da Personen solche Dilemmata erkennen und strukturieren müssen, wenn sie ihnen gegenüberstehen, um angemessen darauf reagieren zu können. Die hierbei entwickelten Lösungswege erheben dabei keinen Anspruch auf Allgemeingültigkeit. Wie im letzten Abschnitt verdeutlicht wurde, hängt die Entscheidung nach dem Evaluierungsprozess jeweils von der persönlichen Priorisierung der Konsequenzen des Entscheiders ab. Aus diesem Grund bietet die obige Fallbearbeitung keine eindeutige Lösung. Allerdings sollte im obigen Theorieteil deutlich geworden sein, dass ein moralischer Charakter dabei helfen kann, Dilemmata zu begegnen. Hat eine Führungsperson ein Gerüst aus moralischen Werten, an denen er sein Verhalten orientieren kann, erleichtert dies die Entscheidungsfindung und gibt seinem Handeln Struktur und Beständigkeit.

Der folgende kurze Entscheidungsleitfaden soll dazu dienen, das zuvor besprochene Schema für zukünftige Situationen anwenden zu können.

4.3   Entscheidungsleitfaden

Folgende Fragen sollen Ihnen helfen, zukünftige Entscheidungen unter Beachtung aller Aspekte strukturiert zu treffen:

- Welche Stakeholder haben welche Interessen? Welche Interessen und Ziele stehen sich gegenüber?
- Welche Einflussfaktoren machen die Entscheidung schwierig?
- Gibt es formelle und/oder informelle Strukturen im Unternehmen, die Ihnen bei der Entscheidungsfindung helfen könnten? Welche Strukturen sind das?

- Welche Handlungsoptionen gibt es? Welche Motivation steht hinter den Handlungsoptionen? Welche Handlungsoptionen unterliegen Ihrem Verantwortungsbereich?
- Welche Konsequenzen haben die verschiedenen Handlungsoptionen? Wie sind diese zu bewerten?
- Welche der Handlungsoptionen bewegen sich in einem legalen Rahmen und welche nicht?
- Wie bewerten Sie die Konsequenzen für sich persönlich? Welche Konsequenzen sind für Sie persönlich nicht hinnehmbar?
- Wo liegen die Grenzen der Verantwortung des Unternehmens?

Auch das Bauchgefühl kann ein moralischer Kompass sein. Fragen Sie sich:

- Was ist die beste Lösung, wenn Sie Ihrer Intuition folgen?
- Für wen ist das in diesem Fall die beste Lösung?
- In welchen Punkten stimmen das Bauchgefühl und die durchdachte Entscheidung überein? In welchen driften sie auseinander?

Kritische Reflexion zur Unternehmensethik

Soweit wurde in diesem Essential eine Einführung in die Unternehmensethikdiskussion gegeben, die Palette formeller und informeller Instrumente der Unternehmensethik aufgezeigt und der Entscheidungsprozess in einer moralischen Dilemmasituation exemplarisch am Beispiel einer konstruierten Fallstudie dargestellt. Dieses Kapitel hat es zum Ziel, abschließend kritisch zu hinterfragen, welche Möglichkeiten und Einschränkungen sich aus dem unternehmensethischen Handeln ergeben, und diese gegeneinander abzuwägen.

Unternehmerische und ethische Ziele sind, wie in Abschn. 2.2 näher erläutert, nicht deckungsgleich. Während das Unternehmen formal die Gewinnerzielung zum Ziel hat *(erwerbswirtschaftliches Prinzip)*[1], möchte die Unternehmensethik durch normative Strukturen, Regeln und Prozesse einen legitimen Handlungsrahmen festsetzen.[2] Das heißt, dass ethische Leitlinien den Entscheidungs- und Handlungsspielraum von Führung und Mitarbeitern letztendlich auch einschränken können. Das führt wiederum dazu, dass die Verfolgung von ethischen Entscheidungen nicht notwendigerweise wünschenswerte Konsequenzen mit sich bringt. Ein ethisch geführtes Unternehmen setzt für Entscheidungen neben dem Evaluationskriterium profitabel/nicht profitabel ein weiteres Kriterium voraus: legitim/illegitim bzw. ethisch/unethisch. Diese ethische Selbstbindung differenziert das Unternehmen nach außen gegenüber ihren Wettbewerbern, ist gleichzeitig aber kein Garant für wirtschaftlichen Erfolg.[3] In so manchen Fällen bewirkt sie sogar das Gegenteil[4], wenn

---

[1]Vgl. Suchanek (2008, S. 16 f.).

[2]Vgl. Beckmann (2015, S. 123 ff.).

[3]Vgl. Beckmann (2015, S. 127).

[4]Vgl. Lütge (2007, S. 1).

© Springer Fachmedien Wiesbaden GmbH 2018
V. Kartini et al., *Unternehmensethische Ansätze für Business-Entscheidungen,*
essentials, https://doi.org/10.1007/978-3-658-20998-8_5

Handlungsoptionen für das Unternehmen entfallen, während die Wettbewerber auf diese weiterhin zurückgreifen können. So zum Beispiel, wenn preisgünstige, das heißt, wirtschaftlich attraktive Lieferanten oder andere Geschäftspartner nicht die selbst auferlegten normativen Standards des Unternehmens erfüllen, weil sie umweltschädlich produzieren, korrupt sind oder ihre Mitarbeiter schlecht behandeln.[5] Der moralische First Mover zu sein, indem man zum Beispiel in einem korrupten Land auf Bestechung verzichtet, kann zu erheblichen Nachteilen für die eigene Auftragslage führen. Daher sollte das Unternehmen in erster Linie darauf abzielen, nicht im Alleingang als Moralapostel illegitime Zahlungen zu verhindern, sondern seine Mitbewerber mit ins Boot zu holen und das Branchendenken zu verändern.[6]

Auf der anderen Seite eröffnet die Verfolgung unternehmensethischer Ziele auch neue Möglichkeiten und gegebenenfalls sogar Wettbewerbsvorteile.[7] So könnte ein privilegierter Zugang zu Stakeholdern entstehen, wenn auch diese ihrerseits auf die Einhaltung von Werten und Normen großen Wert legen. Kunden könnten sich so bewusst für das Produkt des Herstellers entscheiden und eine höhere Zahlungsbereitschaft aufweisen, weil dieses im Gegensatz zu den Konkurrenzprodukten fair produziert wurde. Zudem bieten sich Chancen bei der Rekrutierung von Mitarbeitern, für die eine offene Unternehmenskultur und eine ethische Führung einen besonderen Stellenwert bei der Wahl des Arbeitgebers einnehmen. Ein Unternehmen kann allerdings nur von den Möglichkeiten der Unternehmensethik profitieren, wenn es seine Werte und Normen effektiv an seine Stakeholder kommunizieren kann, das heißt die verschiedenen Sprachen seiner Stakeholder spricht. *(Polylingualität[8])*, und diese bei ihnen auf eine positive Resonanz stoßen.[9]

Strukturen, Prozesse und Regeln, die die Normen und Werte eines Unternehmens formalisieren und institutionalisieren, bringen weiterhin eine neue Ebene der Komplexität in das Unternehmen, die ambivalent zu sehen ist.[10] Eine neue Abteilung wie zum Beispiel ein Compliance-Office, neue Kundenpolicies wie die des

---

[5]Vgl. Beckmann (2015, S. 125 ff.).

[6]Vgl. Lütge (2007, S. 2) und Beckmann (2015, S. 130).

[7]Vgl. Przytula (2013, S. 37 und S. 77), vgl. Beckmann (2015, S. 126).

[8]Der Begriff der Polylingualität meint, dass Unternehmen in der Lage sein müssen, die Sprachen ihrer Kunden, Lieferanten, Geschäftspartner usw. zu sprechen, also deren Interessen und Werte nachzuvollziehen sowie die eigenen zu vermitteln. Vergleiche hierzu weiter Wieland (2014a, S. 11).

[9]Vgl. Wieland (2014a, S. 11) und Beckmann (2015, S. 130 f.).

[10]Vgl. Beckmann (2015, S. 127).

Know Your Customer, vorgegebene Evaluationskataloge und zu unterzeichnende Dokumente wie ein Compliance Code vor dem Beauftragen eines neuen Lieferanten, können den bürokratischen Aufwand erhöhen und so auch zu längeren Entscheidungswegen und -zeiten führen. Erfolgreich etablierte Instrumente der Unternehmensethik können auf der anderen Seite aber auch komplexitätsreduzierend wirken. Feste unternehmensethische Strukturen und Prozesse, zum Beispiel für den Eintritt in einen neuen Markt, führen dazu, dass Entscheidungsoptionen von vornherein eingeschränkt werden, während Werte und Normen, eine gelebte Unternehmens- und Führungskultur moralische Leitlinien liefern, die so insgesamt die Entscheidungsfindung beschleunigen und Transaktionskosten reduzieren.

Die Unternehmensethik hat auch einen Einfluss auf die Motivation von Mitarbeitern und das Arbeitsklima im Betrieb. Die Installation eines Compliance-Managementsystems könnte, insbesondere in traditionsgeprägten Familienunternehmen, zu einer Resilienz in der Belegschaft führen und potenziell als ein Vertrauensbruch gedeutet werden.[11] Neue Regeln und Forderungen an den Mitarbeiter schreiben eine andere Denk- und Arbeitsweise vor und können als ein Mittel zu dessen Überwachung und einem fehlenden Vertrauen ihm gegenüber bzw. seiner Entscheidungsfähigkeit ausgelegt werden. Ein Compliance-Managementsystem birgt weiterhin die Gefahr, dass die Motivation von Mitarbeitern, die bisher aus intrinsischer Motivation heraus bei der Arbeit ethisch gehandelt haben, durch von außen auferlegte formelle Regeln und Normvorgaben korrumpiert wird.[12] Dieser sogenannte *Korrumpierungseffekt* könnte bewirken, dass ethisches Verhalten bei der Arbeit als Zwang verstanden wird und infolgedessen abnimmt. In diesem Kontext spielen der Einsatz eines effektiven Changemanagements und eine offene Kommunikation eine wichtige Rolle, um die Dissonanzen so gering wie möglich zu halten.[13]

Instrumente der Unternehmensethik und ethische Entscheidungen bei ökonomischen Transaktionen umfassen somit immer Chancen und Schranken. In einer globalisierten Welt und den Herausforderungen, die eine global vernetzte Wirtschaft mit sich bringt, ist eine moralische Unternehmenspraxis und verantwortungsvolles unternehmerisches Handeln allerdings unabdingbar, um negative Externalitäten zu minimieren und nachhaltigen ökonomischen Wohlstand in postnationalen Gesellschaften zu erzielen. Der Fokus von Unternehmen sollte daher

---

[11]Vgl. Nestler (2010, S. 17).

[12]Vgl. Snelders und Lea (1996, S. 518 f.).

[13]Vgl. Kunze (2008, S. 333 f.).

nicht darauf liegen, ob sie Unternehmensethik brauchen, sondern wie sie diese einsetzen und potenzielle negative Auswirkungen auf Wettbewerb, Motivation und Bürokratie durch gezielte Maßnahmen minimieren können.

▶ **Key Learning**

- Unternehmensethik eröffnet unternehmensintern aber auch im Wettbewerb Möglichkeiten, setzt aber auch Schranken. Nutzen Sie die Chancen unternehmensethischen Handelns und kommunizieren Sie Ihre Werte und Normen dabei klar an Ihre Stakeholder.

Fazit und Handlungsempfehlungen 6

Die Weltwirtschaftskrise und Skandale wie die von Enron oder Volkswagen zeigen, dass in einer global vernetzten Wirtschaft das unethische unternehmerische Handeln von einzelnen Wirtschaftsakteuren weitreichende Konsequenzen für betroffene Stakeholder und das Unternehmen selbst haben kann. Wirtschaft und Ethik sollten daher nicht weiter als zwei getrennte Systeme betrachtet werden, die gegensätzliche Ziele verfolgen. Eher ist es an der Zeit, ethische Normen zum integrierten Bestandteil unternehmerischen Handelns zu machen. Hierfür sind unternehmensethische Instrumente im Arbeitsalltag zu etablieren und als Möglichkeit zu nutzen, um den Herausforderungen des Wirtschaftens in der globalisierten Welt zu begegnen. Hierbei spielen moralische Werte wie Ehrlichkeit, Respekt und Berechenbarkeit, die in Leitbildern oder der Mission des Unternehmens verankert sind, eine wichtige Rolle. Diese können aber nur dann als Orientierung in der Alltagspraxis Anwendung finden, wenn sie sowohl formell als auch informell über Strukturen, Verfahren, Anreizsysteme und intensive Kommunikation implementiert sind und routinemäßig als Normen beachtet werden. Auch ein entsprechendes Führungsverhalten und Integrität sind dafür essenziell. Als Vorbildfunktion tragen Führungskräfte maßgeblich dazu bei, moralische Werte nicht als dialektisch zur beruflichen Praxis zu interpretieren, sondern vielmehr als Interdependenz zu verinnerlichen. Wirtschaftliche Maximen ebenso wie ethische Grundsätze tragen somit wechselseitig zum Erfolg eines Unternehmens bei. Die Ausbildung eines moralischen Charakters bei (angehenden) Führungspersonen durch geeignetes Training, wie beispielsweise durch das Lösen von Fallstudien (ähnlich des hier angeführten Falls der Blumenträume GmbH), bildet hierfür die Voraussetzung.

© Springer Fachmedien Wiesbaden GmbH 2018
V. Kartini et al., *Unternehmensethische Ansätze für Business-Entscheidungen,*
essentials, https://doi.org/10.1007/978-3-658-20998-8_6

▷ **Handlungsempfehlungen**

- Der Dualismus der zwei Systeme *Wirtschaft* und *Ethik* ist nicht mehr zeitgemäß. In einer global vernetzten Wirtschaft können Unternehmen nicht weiter nach dem Mantra „The business of business is business" verfahren. Machen Sie sich bewusst, dass Verantwortung für unternehmerisches Handeln in Hinblick auf betroffene Stakeholder sowohl für das Unternehmen selbst als auch für das System Wirtschaft unabdingbar ist.
- Machen Sie sich als *Young Professional* mit den unternehmensethischen Instrumenten in Ihrem Unternehmen vertraut, die Ihnen einen ethischen Entscheidungs- und Handlungsrahmen vorgeben.
- Schauen Sie sich das Leitbild sowie den Code of Conduct genau an, und informieren Sie sich, an wen Sie sich wenden können, wenn Sie Fragen zu einer ethischen Dilemmasituation haben oder Rat benötigen.
- Machen Sie sich bewusst, dass Sie als angehende Führungskraft eine Vorbildfunktion haben. Dabei sind Integrität, aktives Zuhören und nachvollziehbare ethische Entscheidungen wichtige Bestandteile einer ethischen Führung.
- Bilden Sie Ihren moralischen Charakter mithilfe moralischer Praxis in Trainings und Fallstudien und/oder einem Mentorenverhältnis zu einer erfahrenen Führungspersönlichkeit weiter.
- Verinnerlichen Sie sich das vorgestellte Konzept zum Umgang mit moralischen Dilemmata. Folgende Fragen geben Ihrem Entscheidungsprozess eine Struktur: Welche Stakeholder sind von der Entscheidung betroffen, und welche Interessen und Ziele haben diese? Worin besteht das Problem bzw. Dilemma, und welche Handlungsoptionen gibt es jeweils? Wie können Sie diese Optionen bewerten, um zu einer Entscheidung zu kommen?

▷ **Werke für den allgemeinen Überblick**

1. Conrad, C. A. (2016). *Wirtschaftsethik: Eine Voraussetzung für Produktivität*. Wiesbaden: Springer Gabler.
2. Dietzfelbinger, D. (2008). *Praxisleitfaden Unternehmensethik. Kennzahlen, Instrumente, Handlungsempfehlungen*. Wiesbaden: Gabler Verlag.
3. Homann, K.; Lütge, C. (2004). *Einführung in die Wirtschaftsethik* (Vol. 3). Münster: LIT Verlag.

Spezifische Literatur
4. Blanchard, K., & Peale, N. V. (1988). *The power of ethical management*. New York: William Morrow and Company.
5. Homann, K. (2001), Ökonomik: Fortsetzung der Ethik mit anderen Mitteln. *Artibus ingenuis. Beiträge zu Theologie, Philosophie, Jurisprudenz und Ökonomik*, Tübingen, S. 85–110.
6. Tanner, C.; Christen, M. (2014). Moral Intelligence: A framework for understanding moral competences. In: M. Christen, M; Fischer, J.; Huppenbauer, M.; Tanner, C & van Schaik, C. (Hrsg.): *Empirically Informed Ethics: Morality between Facts and Norms*, Berlin, S. 119–136.
7. Treviño, L.; Hartman, L.; Brown, M. (2000). Moral person and moral manager: How executives develop a reputation for ethical leadership. *California Management Review*, (4), S. 128–142.

Weitere Case-Studies und Übungsfälle
8. Carroll, A. B.; Buchholtz, A. K. (2015). Business & Society: Ethics, Sustainability, and Stakeholder Management. Stamford: South-Western College Publishing.

Was Sie aus diesem *essential* mitnehmen können

- Ökonomisches und zugleich ethisches Verhalten ist kein Widerspruch, sondern notwendiger Bestandteil unternehmerischer Zielerreichung im komplexen, globalisierten Unternehmensumfeld.
- Die Schaffung formeller unternehmensethischer Strukturen und Prozesse wie u. a. ein Code of Conduct bis hin zu einem holistischen Wertemanagementsystem unterstützen ethische Entscheidungen im Unternehmen.
- Unternehmensethische Instrumente sollten in eine entsprechende Unternehmens- und Führungskultur eingebettet werden, um ihre Effektivität sicherzustellen.
- Ein moralischer Charakter sowie Fähigkeiten der moralischen Intelligenz bei Führungspersonen helfen dabei, den Umgang mit moralischen Dilemmata zu erleichtern.
- Eine systematische Herangehensweise an moralische Dilemma im Unternehmen, wie sie hier am Beispiel einer Fallstudie dargelegt wird, führt zu ethisch wünschenswerteren Ergebnissen.

© Springer Fachmedien Wiesbaden GmbH 2018
V. Kartini et al., *Unternehmensethische Ansätze für Business-Entscheidungen*,
essentials, https://doi.org/10.1007/978-3-658-20998-8

Literatur

Beckmann, M. (2015). Unternehmerische Ziele und Ethik. In M. Hüther, K. Bergmann, & D. H. Enste (Hrsg.), *Unternehmen im öffentlichen Raum* (S. 117–132). Wiesbaden: Springer VS.

Blanchard, K., & Peale, N. V. (1988). *The power of ethical management*. New York: William Morrow and Company.

Boldyrev, I. A. (2013). Economy as a social system: Niklas Luhmann's contribution and its significance for economics. *American Journal of Economics and Sociology, 72*(2), 265–292.

Capital (2014). Der Enron-Skandal. http://www.capital.de/dasmagazin/der-enron-skandal. html. Zugegriffen: 02. Jan. 2017.

Carroll, A. B., & Buchholtz, A. K. (2015). *Business & society: Ethics, sustainability, and stakeholder management*. Stamford: South-Western College Publishing.

Cohen, T. R., Panter, A. T., & Turan, N. (2012). Guilt proneness and moral character. *Current Directions in Psychological Science*, 21. Jg., Nr. 5, S. 355–359.

Conrad, C. A. (2016). *Wirtschaftsethik: Eine Voraussetzung für Produktivität*. Wiesbaden: Springer Gabler.

Deppert, W., Mielke, D., & Theobald, W. (2001). Individualistische Wirtschaftsethik. In W. Deppert, D. Mielke, & W. Theobald (Hrsg.), *Mensch und Wirtschaft. Interdisziplinäre Beiträge zur Wirtschafts-und Unternehmensethik* (S. 131–196). Leipzig: Leipziger Universitätsverlag.

Dietzfelbinger, D. (2008). *Praxisleitfaden Unternehmensethik. Kennzahlen, Instrumente, Handlungsempfehlungen*. Wiesbaden: Gabler.

Friedman, M. (1970). The Social Responsibility of Business is to Increase its Profits. *New York Times Magazine*, (S. 32–33, 122–124).

Fürst, M. (2014). Grundprinzipien und Gestaltungsmerkmal eines verhaltensbasierten, anreizsensitiven Integritätsmanagements. In J. Wieland, R. Steinmeyer, & S. Grüninger (Hrsg.), *Handbuch Compliance-Management: konzeptionelle Grundlagen, praktische Erfolgsfaktoren, globale Herausforderungen* (S. 643–674). Berlin: Schmidt.

Grüninger, S. (2014). Werteorientiertes Compliance-Management-System. In J. Wieland, R. Steinmeyer, & S. Grüninger (Hrsg.), *Handbuch Compliance-Management: Konzeptionelle Grundlagen, praktische Erfolgsfaktoren, globale Herausforderungen* (S. 41–70). Berlin: Schmidt.

© Springer Fachmedien Wiesbaden GmbH 2018
V. Kartini et al., *Unternehmensethische Ansätze für Business-Entscheidungen*,
essentials, https://doi.org/10.1007/978-3-658-20998-8

Habermas, J. (2001). *The postnational constellation*. Cambridge: Polity Press.

Hein, R. (2016). *Erfolg im Compliance Management: Konfliktfelder erkennen und bewältigen: Arbeits- und organisationspsychologische Anregungen*. Wiesbaden: Springer.

Hirschman, A. (1980). Exit, voice, and loyalty: Further reflections and a survey of recent contributions. *The Milbank Memorial Fund Quarterly. Health and Society, 58*(3), S. 430–453.

Homann, K. (2001). Ökonomik: Fortsetzung der Ethik mit anderen Mitteln. Artibus ingenuis. *Beiträge zu Theologie, Philosophie, Jurisprudenz und Ökonomik*, Tübingen, S. 85–110.

Homann, K., & Blome-Drees, F. (1992). *Wirtschafts- und Unternehmensethik*. Göttingen: Vandenhoeck & Ruprecht.

Homann, K., & Lütge, C. (2004). *Einführung in die Wirtschaftsethik* (Bd. 3). Münster: LIT.

Homann, K., & Pies, I. (1994). Wirtschaftsethik in der Moderne: Zur ökonomischen Theorie der Moral. *Ethik und Sozialwissenschaften. Streitforum für Erwägungskultur, 5*(1), S. 3–12.

Hüther, M., Bergmann, K., & Enste, D. H. (2015). In M. Hüther, K. Bergmann, & D. H. Enste, (Hrsg.), *Unternehmen im öffentlichen Raum* (S. 11–33). Wiesbaden.

Jensen, M. C. (2002). Value maximization, stakeholder theory, and the corporate objective function. *Business Ethics Quarterly, 12*(02), 235–256.

Kant, I. (1910). *Kants gesammelte Schriften*. Hrsg. von der Königlich preußischen Akademie der Wissenschaften, Berlin.

Kleinfeld, A., & Müller-Störr, C. (2014). Effektives Compliance-Management durch interaktive Schulung und Kommunikation. In J. Wieland, R. Steinmeyer, & S. Grüninger (Hrsg.), *Handbuch Compliance-Management: konzeptionelle Grundlagen, praktische Erfolgsfaktoren, globale Herausforderungen* (S. 745–764). Berlin: Schmidt.

Kobrin, S. J. (2009). Private political authority and public responsibility: Transnational politics, transnational firms, and human rights. *Business Ethics Quarterly, 19*(03), 349–374.

Kunze, M. (2008). *Unternehmensethik und Wertemanagement in Familien-und Mittelstandsunternehmen*. Wiesbaden: Gabler.

Lennick, D., & Kiel, F. (2007). *Moral intelligence: Enhancing business performance and leadership success*. New Jersey: Pearson Prentice Hall.

Lütge, C. (2007). *Marktwirtschaft und Ethik: Ordnungsethik und Unternehmensethik. Vortrag im Rahmen der internationalen Fachkonferenz „Ethik interdisziplinär: Wirtschaftsethik, Wissenschaftsethik, Technikethik"* am 24. und 25. September in Nanjing (S. 1–8). http://www.kas.de/upload/dokumente/2007/china12064_111007.pdf. Zugegriffen: 7. Jan. 2017.

Marshall, T. H. (1964). *Class, citizenship and social development*. New York: Doubleday.

Matten, D., & Crane, A. (2005). Corporate citizenship: Toward an extended theoreticalconceptualization. *Academy of Management Review, 30*(1), 166–179.

Mazar, N., Amir, O., & Ariely, D. (2008). The dishonesty of honest people: A theory of self-concept maintenance. *Journal of Marketing Research*, 45. Jg., Nr. 6, S. 633–644.

Narvaez, D., & Lapsley, D. (2014). Becoming a moral person–Moral development and moral character education as a result of social interactions. In M. Christen, M., J. Fischer, M. Huppenbauer, C. Tanner, & C. van Schaik (Hrsg.), *Empirically informed ethics: Morality between facts and norms*, Berlin, S. 227–238.

Nestler, C., Salvenmoser, S., & Bussmann, K. (2010). *Compliance und Unternehmenskultur – Zur aktuellen Situation in deutschen Großunternehmen*. https://www.pwc.de/de/risiko-management/assets/studie_compliance-und-unternehmenskultur.pdf. Zugegriffen: 6. Jan. 2017.

Ostrom, E. (1990). *Governing the commons: The evolution of institutions for collective action*. Cambridge: Cambridge University Press.

Peters, T. (2015). *Leadership: Traditionelle und moderne Konzepte mit vielen Beispielen.* Wiesbaden: Gabler.

Przytula, B. (2013). *Ökonomische, ökologische und soziale Nachhaltigkeit durch Unternehmensethik: Elemente und Prozesse in Theorie und Praxis.* Diplomica.

Scherer, A. G., & Palazzo, G. (2011). The new political role of business in a globalized world: A review of a new perspective on CSR and its implications for the firm, governance, and democracy. *Journal of Management Studies, 48*(4), 899–931.

Smith, A. (1937). *An Inquiry Into the Nature ans Causes of the Wealth of Nations* [1776]. New York: Modern Library.

Smith, A. (1904). *An inquiry into the nature and causes of the wealth of nations.* (5. Aufl.). In E. Cannan (Hrsg). London: Methuen and Co., Ltd.

Snelders, H. J., & Lea, S. G. (1996). Different kinds of work, different kinds of pay: An examination of the overjustification effect. *The Journal of Socio-Economics, 25*(4), 517–535.

Suchanek, A. (2008). Die Relevanz der Unternehmensethik im Rahmen der Betriebswirtschaftslehre. In A. G. Scherer, & M. Patzer (Hrsg.), *Betriebswirtschaftslehre und Unternehmensethik* (S. 15–31). Wiesbaden: Gabler.

Sundaram, A. K., & Inkpen, A. C. (2004). The corporate objective revisited. *Organization Science, 15*(3), 350–363.

Tanner, C., & Christen, M. (2014). Moral Intelligence: A framework for understanding moral competences. In M. Christen, M., J. Fischer, M. Huppenbauer, C. Tanner, & C. van Schaik (Hrsg.), *Empirically informed ethics: Morality between facts and norms* (S. 119–136). Heidelberg: Springer.

Treviño, L., Hartman, L., & Brown, M. (2000). Moral person and moral manager: How executives develop a reputation for ethical leadership. *California Management Review, 4,*128–142.

Wieland, J. (1997). Unternehmensethik als Erfolgsfaktor in globalen Kooperationen. In *Internationalisierung,* S. 527–541. Berlin: Springer.

Wieland, J. (2014a). *Governance ethics: Global value creation, economic organization and normativity* (Bd. 48). Cham: Springer.

Wieland, J. (2014b). Integritäts- und Compliance-Management als Corporate Governance – konzeptionelle Grundlagen und Erfolgsfaktoren. In J. Wieland, R. Steinmeyer, & S. Grüninger (Hrsg.), *Handbuch Compliance-Management: Konzeptionelle Grundlagen, praktische Erfolgsfaktoren, globale Herausforderungen* (S. 15–40). Berlin: Schmidt.

Wieland, J. (2014c). Moralische Charakterbildung, Leadership Excellence und Corporate Character*/Moral Character Formation, Leadership Excellence and Corporate Character. *Zeitschrift für Wirtschafts-und Unternehmensethik,* 15. Jg., Nr. 3, S. 376–397.

Wieland J. (2015). Das Stakeholder-Modell. https://www.zu.de/forschung-themen/forschungs-zentren/leiz/assets/pdf/Tool_Box_Stakeholder_Model.pdf. Zugegriffen: 7. Jan. 2017.

Wieland, J., Steinmeyer, R., & Grüninger, S. (2014). *Handbuch Compliance-Management: konzeptionelle Grundlagen, praktische Erfolgsfaktoren, globale Herausforderungen.* Berlin: Schmidt.

Wirtschaftswoche (2015). *Deutsche Bank im Kirch-Verfahren: Das ABC einer Affäre.* http://www.wiwo.de/unternehmen/banken/deutsche-bank-im-kirch-verfahren-das-abc-einer-affaere/11494848.html. Zugegriffen: 2. Jan. 2017.

Wolf, K. D. (2008). Emerging patters of global governance: The new interplay between the state, business and civil society. In A. G. Scherer & G. Palazzo (Hrsg.), *Handbook of Research on Global Corporate Citizenship.* Cheltonham: Edward Elgar Publishing.

Zeitmagazin (2017). VW-Affäre: Alles zur Abgasmanipulation. http://www.zeit.de/thema/vw-affaere. Zugegriffen: 10. Jan. 2017.

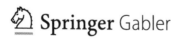

Printed in the United States
By Bookmasters